Werbepsychologie

von

Hans-Joachim Hoffmann
Prof. a. d. Hochschule f. bild. Künste Berlin (Abt. Werbung)

W DE G

Sammlung Göschen Band 5009

Walter de Gruyter
Berlin · New York · 1972

Satz und Druck: Max Schönherr KG, Berlin

ISBN 3 11 004023 9

INHALT

ERSTER TEIL: GRUNDLAGEN

ZWEITER TEIL: MODELLE

ERSTER TEIL: GRUNDLAGEN

1. PSYCHOLOGIE IN DER WERBUNG

1.1 Werben

An jedem höher organisierten Tier beobachten wir ein Verhalten, das die Gegenwart oder Abwesenheit anderer Tiere wahrscheinlicher machen soll: Wünschbares von anderen soll herangelockt, Gefahren vermindert werden.

Auch bei uns Menschen können wir solche Verhaltenstendenzen in Gestik, Mimik, Kleidung, Besitz, vor allem aber im sprachlichen Bereich beobachten. *Hayakawa* [59, S. 84 ff.] umschreibt sie dramatisierend mit Knurren und Schnurren. Er nennt Beispiele wie:

Knurren: schreien, die Zähne vor Wut fletschen, auf den Tisch schlagen, Angriffsrufe beim Sport oder Beschimpfungen ausrufen wie „du dreckiger Lügner“, „die Roten“, „die habgierigen Kapitalisten“.

Schnurren: sich aus Zärtlichkeit anschmiegen, vor Freude tanzen, klatschen, lachen, in der Badewanne singen, öffentliche Begrüßungsformeln, Tischreden, sich in freundlichen Farben kleiden.

Die Wirkung des Knurrens liegt im Abstanderzeugen, die des Schnurrens im Erzeugen des Gefühls der Gemeinsamkeit. Viele Kommunikationskanäle sind vollgestopft mit Knurren und Schnurren. Typische Beispiele dafür sind Diskussionen, Leitartikel und politische Reden. Man folge der Empfehlung *Hayakawas,* nehme eine Tageszeitung, streiche allen Text, der neben der Sachaussage zugleich Knurren oder Schnurren enthält: es bleibt überraschend wenig. Oder man schreibe einen Leitartikel um, so daß die Sachaussagen erhalten bleiben, aber aus Schnurren Knurren und aus Knurren Schnurren wird. An einigen Stellen wird es uns besonders schwer fallen, die gegenteilige Wertung zu Papier zu bringen. Hier macht uns diese Übung auf eigene irrationale Neigungen zum

Bewerten aufmerksam, die wir bei der Neuformulierung zu überwinden haben. Wir lernen, hellhörig bei sogenannten zweiwertigen Orientierungen zu sein.

Oft wünschen wir, mit dem eigenen Ausdrucksverhalten Schnurren (und seltener auch Knurren) von anderen zu hören. Alles was ein Individuum unternimmt, um Richtung und/oder Intensität des ihn (oder seinen Besitz, seine Gruppe o. a.) bewertenden Verhaltens oder auch nur auf ihn gerichteter Einstellungen eines anderen zu ändern, nennen wir *Werben*. „Ändern" enthält auch die beiden Grenzfälle: neu schaffen und stabilisieren. Dabei werden wir zweckmäßig unterscheiden zwischen positivem Werben (= Knurren vermindern oder Schnurren herauslocken) und negativem Werben (= Schnurren vermindern oder Knurren herauslocken).

Häufige Werkzeuge zum Werben sind u. a. Kleidung, Gesprochenes, Besitz, seltener künstlerische Produktionen. Sie sind Werbemittel über ihre eigentliche Funktion (zu wärmen, zu informieren usw.) hinaus, oft ohne daß das Werben vom Benutzer des Werkzeuges beabsichtigt oder überhaupt ihm bewußt ist. *Werbemittel* sein heißt also, einen einstellungsändernden Sinn (vorsymbolische Bedeutung, affektive Anmutung) zusätzlich enthalten.

Psychologische Erkenntnisse von der Auswahl, Zuwendung, Auffassung, Verarbeitung usw. von Werbemitteln, kurz des Werbeprozesses zwischen zwei Menschen werden häufig in der Werbepsychologie angewandt.

1.2 Werbung und Psychologie

Der Werbepsychologe ist vor allem dem Werbefachmann dabei behilflich, seine *Werbung* besser zu verstehen und sie folgerichtiger und damit wirksamer zu organisieren. Dabei ist Werbung von Werben etwas verschieden:

1. Sie ist immer von und für Gruppen oder Institutionen und deren Leistungen organisiert.
2. In jeder Werbung sind Informationsübermittlung und Werben zum Zwecke eines Beeinflussungsversuches (Persuasion, Manipulation) miteinander eng verknüpft.

3. Die Werbung hat gegenüber dem individuellen Werben eine langsamere, stark gestörte Rückkopplung (Wirkungskontrolle).

Als wichtigsten Gegenstand der Werbepsychologie können wir somit definieren:

Werbung wird die geplante, öffentliche Übermittlung von Nachrichten dann genannt, wenn die Nachricht das Urteilen und/oder Handeln bestimmter Gruppen beeinflussen und damit einer Güter, Leistungen oder Ideen produzierenden oder absetzenden Gruppe oder Institution (vergrößernd, erhaltend oder bei der Verwirklichung ihrer Aufgaben) dienen soll.

Besondere Formen der Werbung können wir unterscheiden: nach der werbenden Gruppe oder Institution, nach dem Inhalt oder der Gestaltung der Nachricht und nach der Stärke begleitender Sanktionen. Nach der institutionellen Zugehörigkeit können wir zum Beispiel sprechen von:

kultureller Werbung (Bibliotheken, Theater, Konzert)
Volksaufklärung (Gesundheitswesen)
Missionstätigkeit (Kirche)
Propaganda, politische Werbung (Parteien, Staat)
Wirtschaftswerbung (Wirtschaft).

Obwohl die institutionelle Zuordnung die anzuwendende Psychologie nicht berührt, so bedeutet sie für den Werbepsychologen doch eine persönliche Entscheidung, die von seiner Bewertung der Institution abhängt. Dabei sollte er seine Macht nicht unterschätzen, mit seinen Ratschlägen korrigierend auf die Institution einzuwirken. Institutionen sind zum Beispiel stark davon abhängig, was die Bevölkerung von ihnen denkt. Und diese Abhängigkeit wird immer ein wichtiger Teil der Ratschläge des Psychologen sein.

Der *Wirtschaftswerbung* entnehmen wir die meisten Erfahrungen für die Werbepsychologie, wenn andere Werbungen auch traditionsreicher sind. Das hat verschiedene Gründe: In der Wirtschaftswerbung wird das meiste Geld (nicht nur für die Werbung, sondern auch für die Forschung) ausgegeben. In der Wirtschaftswerbung ist man am ehesten bereit, zielgruppengerecht zu planen. Und schließlich sind in ihr (und auch in der Volksaufklärung) die begleitenden Sanktionen am schwächsten. Dadurch werden die Wirkungsursachen ihrer werblichen Maßnahmen besser abschätzbar, und es bedarf in der Forschung keiner komplizierten Scheidung von Werbung und Sanktion.

1.3 Gesellschaftliche Funktion der Werbung

Jedes Mitglied der Gesellschaft kann nur in ein, zwei Institutionen stärker engagiert mitarbeiten. Dort ist er relativ genau informiert, aber auch keineswegs über alles. In allen anderen Institutionen ist er ein Fremder, der sie als Freizeitmöglichkeit, als notwendiges Übel oder als vermeidbar betrachtet. Würde er die Zeit aufbringen, sich über jede Institution zu informieren, so wäre er nicht nur überfordert, sondern er wäre nirgends genau informiert: die beste Voraussetzung zur Entwicklung von Vorurteilen. In dieser Situation muß die Institution das für sie erstrebenswerte Verhalten direkt auszulösen trachten: und zwar durch Werbung. Ohne Werbung würden die meisten Institutionen wirkungslos werden. Ohne Werbung würden sich die entsprechenden Bereiche der Gesellschaft isolieren und in esoterischer Selbstbefriedigung zu Fremdkörpern werden. Hierfür gibt es im religiösen Bereich Beispiele.

Statt die Mittel der Werbung zu benutzen, bemühen sich die das Zusammenleben regelnden Institutionen durch den Einsatz von Sanktionen bzw. eines psychischen Drucks ihre Wirksamkeit zu erhalten. Bei der Heirat, bei der Übernahme eines Amtes oder bei der Besitznahme von Grund und Boden beobachten wir deshalb: pompöse, geschraubte Ausdrucksweise, Anruf übernatürlicher Mächte, Androhung von Strafe, einleitendes Zeremoniell, besondere Kleidung, Zeugen, Wiederholungen und eine abschließend entlastende Feier [59].

Dort, wo ein entsprechender Druck nicht üblich oder auch nicht möglich ist, gewinnen werbliche Maßnahmen an Bedeutung. Man wird sich bemühen müssen, keine Langeweile aufkommen zu lassen, man wird die Aufforderungen durch weitere nonverbale, affektive Apelle ergänzen (Werben), man wird darauf achten müssen, daß man institutionsgerechte Erwartungen weckt und nicht zuletzt muß man sicher sein, daß die Aufforderung auch dem Angesprochenen, mindestens aber dem Bestand oder der Entwicklung der Gesellschaft nützt [63]. Täglich wird unter dem Deckmantel von Institutionen gegen diese Regeln verstoßen. Die Gesellschaft sollte darauf achten, daß in ihren Institutionen solche Möglichkeiten nicht gegeben sind.

Diese Regeln enthalten moralische Verpflichtungen, denen sich jeder bewußt sein sollte, der eine (nicht von Sanktionen begleitete) Werbung produziert oder bei ihrer Vermittlung behilflich ist. Sie fordern vor allem dazu heraus, die Menschen genau kennenzulernen, die wir mit unserer Werbung zu erreichen trachten. Denn nur so können wir einen akzeptablen Kompromiß bilden zwischen den Zielen unserer Auftraggeber und den berechtigten Interessen und Hoffnungen unserer Ansprechgruppe.

Gewiß ist damit nicht geklärt wie weit wir im Einzelfall in die eine oder andere Richtung gehen sollen. Ist es denn richtig, nur dem Angesprochenen nach dem Munde zu reden? Würde dies nicht unnötig den Fortschritt hemmen? Hindert es nicht institutionalisierte Eliten daran, das Beste für die Menschen zu tun? Oder: Hat diese Institution überhaupt ihre Lebensberechtigung? Stabilisiert dies nicht längst überholte Traditionen?

Wir könnten diese Frageliste beliebig fortsetzen, wenn wir nur abstrakt genug in unseren Fragestellungen und Antwortversuchen bleiben. Verschaffen wir uns dagegen ein detailreiches Bild unserer Ansprechgruppe und des möglichen Kommunikationsprozesses, so wird rasch deutlich, daß die Antworten ganz unterschiedlich lauten müssen: je nach dem werbenden Teil der Institution, dem Werbeziel, dem Rollenbereich der Werbenachricht, der Kommunikationsbereitschaft der Ansprechgruppe, ihren Einstellungen, Bedürfnissen, Befürchtungen, nach den Orientierungs- und Sprachgewohnheiten der Ansprechgruppe usf. Mit anderen Worten:

Unsere oben formulierte Moral bleibt eine Farce, wenn wir nicht ernsthaft die Ansprechgruppe kennenzulernen trachten und wenn wir nicht die Beeinflussungsfolgen unseres werblichen Denkmodells prüfen. Bei beidem ist uns die Werbepsychologie behilflich.

2. BEEINFLUSSUNG DURCH WERBUNG

2.1 Handlungsanweisungen zur Beeinflussung

Anweisungen zur Beeinflussung der Bevölkerung sind uralt. In früherer Zeit handelte es sich um Anweisungen für Regierende. Am bekanntesten unter ihnen sind die Schriften des Erziehers Alexander des Großen *Aristoteles* (Politik, 5. Buch, 11. Kap.) und des florentiner Beamten *Macchiavelli* (Der Fürstenspiegel; Die Republiken). Beide Autoren empfehlen jedoch kaum Werbung, sondern weisen auf die Wirksamkeit unterdrückender Maßnahmen hin: gegenseitige Kontrolle, Verhinderung von Gruppenbildung, Not und Armut usw. Gleichzeitig betonen sie die reine Zweckgebundenheit von Macht, Betrug und Hinterlist und versprechen dem Erfolg, der sich affektfrei ihrer bedient. Diese Handlungsanweisungen wurden in der Vergangenheit wie in der Gegenwart mit Erfolg perfekt praktiziert.

Auch heute noch werden Kataloge von Handlungsregeln zur Beeinflussung formuliert. Sie beziehen sich jedoch nicht auf Macht und Sanktionen, sondern auf Werbung. Sie sollen primär nicht der Beeinflussung dienen, sondern der Aufdeckung werblicher Beeinflussungstechniken. Die bekanntesten Kataloge dieser Art sind das Sieben-Punkte-Programm zur Propagandaentschlüsselung (*A. McClung Lee* und *E. B. Lee* [92]) und die Regeln für den Propagandisten (*D. Krech* und *R. S. Crutchfield* [87]). Die Kataloge enthalten zum Beispiel folgende Anweisungen:

1. Gebe einer zu bekämpfenden Idee einen schlechten Namen. — Wahrscheinlich ist diese Anweisung zu einfach. Denn *Coffin* hatte gezeigt, daß derjenige, der eine Gruppe diffamieren will, ihr weniger einen schlechten Namen gibt, als vielmehr eine ungenaue, unscharf begrenzte Bezeichnung wählt, dann aber die Homogenität der jeweiligen Gruppe behauptet: Bürger, Proletarier, Juden, Araber, Asiaten, Kapitalisten, Studenten u. a.

2. Bezeichne eigene Ziele mit Prestige genießenden Namen: Menschlichkeit, Frieden, Solidarität, Demokratie, Fortschritt. Entsprechend ist es zweckmäßig, wertbetonte Analogien zu benutzen: etwa den Krieg als Kreuzzug zu bezeichnen. Am eigenen Werbegegenstand sollte man diejenigen Eigenschaften betonen, denen am wenigsten widersprochen wird. Schließlich wird man die eigene Position durch anerkannte Autoritäten stärken und die des Gegners durch deren Gleichsetzung mit verachteten Persönlichkeiten oder Gruppen zu schwächen trachten.

3. Erwecke die Illusion, du vertrittst die Meinung des „einfachen Mannes", der „Christen", des „Arbeiters". Mache dabei deutlich, daß ein jeder diesen Standpunkt vertritt. Allerdings kann der dadurch ausgelöste Mitläufer-Effekt (band-wagon-effect) auch negative Folgen haben, zum Beispiel bei einer Wahl: alle glauben x wird gewählt, dadurch läßt die Anstrengung zu seiner Unterstützung nach und es wird y versuchsweise gewählt. Mindestens sollte man aber den Anschein erwecken, daß man mit bestehenden Einstellungen übereinstimmt.

4. Zeige, daß du einem dringenden Bedürfnis entgegenkommst. Eventuell sollte man ein solches Bedürfnis schaffen, etwa indem man jedes Ereignis groß herausstellt, das dieses Bedürfnis stimuliert. Eine andere Möglichkeit ist das Stiften von Verwirrung und Unsicherheit. Sodann biete eine Patentlösung an, die angeblich die chaotische Situation ordnet.

5. Gestalte und formuliere deine Nachrichten kurz, einfach, anschaulich, verständlich. Wiederhole sie möglichst häufig. Um keine Sättigung auszulösen und den Lernerfolg zu erhöhen gestalte deine Nachricht bei jeder Wiederholung neu. Verlange keine schwierigen Denkleistungen, sondern arrangiere zutreffende und unzutreffende Fakten so, daß sie wie eine logische Ableitung wirken.

Diese Empfehlungen gaukeln dem Propagandisten eine Macht vor, die er indessen nicht hat. Deshalb betonen auch *Krech* und *Crutchfield*, daß die Anwendung ihrer Empfehlungen allein keinen Erfolg garantieren: „Wenn Menschen Suggestionen annehmen, die für die Gesellschaft gefährlich zu sein scheinen, dann geht dies zum größten Teil darauf zurück, daß die bestehenden sozialen Institutionen die gewöhnlichen Bedürfnisse und Wünsche des Menschen eben nicht geeignet befriedigen. Die beste Art von Schutz gegen Propaganda würde daher am ehesten in einem gesellschaftlichen und wirtschaftlichen System bestehen, welches die Mehrzahl der Bedürfnisse und Wünsche der meisten Menschen überwiegend befriedigt." (Zitiert nach [88, S. 504]).

Die persönliche Situation des Kommunikanten entscheidet darüber, ob er von Maßnahmen der genannten Art beeinflußt wird oder nicht. Dazu gehören auch augenblickliche Wünsche, Befürchtungen, Erwartungen seiner Gruppe, sein Wissen, seine Interessen, Vorlieben und Abneigungen und vor allem seine Bereitschaft, sich zu informieren. Alles dies müssen wir genau kennen, wollen wir abschätzen, ob eine Beeinflussung möglich ist oder nicht.

2.2 Werbebeeinflussung im Flußdiagramm

Beginnen wir über den persönlichen Einfluß der Werbung nachzudenken, indem wir uns die wichtigsten Stationen dieser Beeinflussung in einem (stark vereinfachten) Flußdiagramm veranschaulichen. Wir wollen dabei an die Beeinflussung einer Konsumgewohnheit eines Verbrauchers denken. Sinngemäß könnte der Beeinflussungsablauf genausogut auf die Wahl einer Partei, die Zahlung einer karitativen Spende, die Beachtung einer Impfaufforderung, kurz: auf irgendeinen Adoptionsvorgang bezogen sein (vgl. Fig. 1):

Am Kopf des Diagramms geben wir die Datenfelder ein, deren Aufeinanderwirken wir betrachten wollen: Erstens die Persönlichkeit des zukünftigen Verbrauchers, mit ihren vielen besonderen Faktoren, wie zum Beispiel die jeweils beachteten Gruppennormen, ihren Meinungen und Einstellungen, ihren Motivationen, ihren gewohnten Verhaltensmustern usw. Ihr gegenüber (zweitens) sowohl die Werbenachricht bzw. die ihr gemäß gestaltete Botschaft, mit ihren vielen Besonderheiten, dem Träger dieser Nachricht, das durch diesen Träger und den zugleich angebotenen Nachrichten ausgelöste Rauschen, als auch die zu der Erfüllung (Adoption) der Werbenachricht bestehenden Kaufbedingungen.

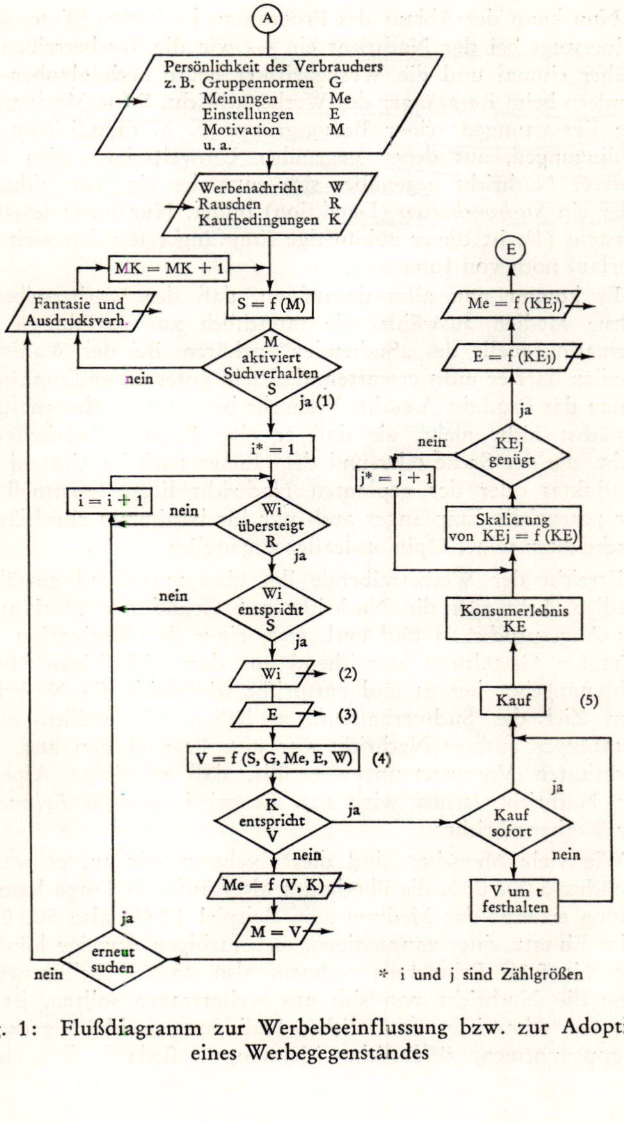

Fig. 1: Flußdiagramm zur Werbebeeinflussung bzw. zur Adoption eines Werbegegenstandes

Nun kann der Ablauf des Programms beginnen: Dieses setzt keineswegs bei der Nachricht ein — wie die Werbetreibenden früher einmal und die Werbekritiker heute noch glauben —, sondern beim *Empfänger* der Werbenachricht. Seine Motivation, die Erwartungen seiner Bezugsgruppe u. a. organisieren die Bedingungen, aus denen gegenüber Umweltreizen, also auch unserer Nachricht gegenüber sich entweder ein Vermeidungs- oder ein *Suchverhalten* (Detektion) bildet. Nur wenn letzteres entsteht (1), ist dieser zukünftige Empfänger für den weiteren Verlauf noch von Interesse.

Es kommt nun alles darauf an, daß der Werbetreibende solche Medien auswählt, die tatsächlich zur gewohnten Informationsquelle des „Suchenden" gehören. Bei der Wahl der Medien darf er nicht erwarten, daß sein potentieller Empfänger genau das Produkt A sucht. Vielmehr bedeutet „Suchverhalten" zunächst nicht mehr, als daß er eine Bedürfnisbefriedigung sucht, die der Sache oder/und dem Image nach im Umfeld des Produktes oder der geplanten Nachricht liegt. Eventuell ist der potentielle Empfänger auch nur für bestimmte einschlägige Nachrichten seiner Opinion leader zugänglich.

Erreicht der Werbetreibende ihn über zutreffend gewählte Medien, hebt sich die Nachricht auf Grund der Motivation des Angesprochenen und evtl. auch einer der Motivation angepaßten Gestaltung ausreichend aus dem vielfältigen Nachrichtenangebot heraus und entspricht schließlich die Nachricht dem Ziel des Suchverhaltens, so haben wir endlich einen *Empfänger* unserer Nachricht vor uns. Es sind nun auch die wichtigsten Voraussetzungen erfüllt, daß er einige Aspekte der Nachricht lernen wird (2). Er wird so zum *Erinnerer* der Werbenachricht.

Wie viele Menschen sind dies? Nehmen wir an, es waren zunächst 5 000 000, die überhaupt als Käufer in Frage kamen. Davon erreicht das Medium zum Beispiel 10 %, also 500 000. Beim Einsatz einer ganzseitigen, mehrfarbigen Anzeige können wir mit 5 % Erinnerern rechnen, also 25 000. Selbst wenn diese die Nachricht von sich aus weitertragen sollten, ist es nun von sehr vielen zusätzlichen Bedingungen abhängig (z. B. Gruppennormen, öffentliche Meinungen, Bedarf, finanzielle

Lage), ob der Erinnerer einen *Vorsatz zum Kaufen* entwickelt (4). Aber nehmen wir an, er täte es und wird so zum *potentiellen Käufer*. Die Kaufbedingungen bilden die nächste Barriere: Sie können so ungünstig sein, daß schließlich der Vorsatz erlahmt oder — womit wir recht häufig rechnen müssen — der Vorsatz an einem vergleichbaren Produkt realisiert wird. Aber nehmen wir dennoch an, es sei alles für den Werber und (!) den Verbraucher auf das glücklichste zusammengetroffen, es käme also zum *Kauf* (5). Es setzt nun eine neue Phase der Werbebeeinflussung ein:

Der *Käufer* ist ein außerordentlich ernst zu nehmender Werbehelfer positiver, aber auch negativer Art. Deshalb ist es üblich, ihm wiederum Werbenachrichten zukommen zu lassen. Sie haben vor allem die Aufgabe, nachträgliche Bedenken, Unentschiedenheiten (sogen. kognitive Dissonanzen) zu bereinigen. Dazu müssen Argumente vermittelt werden, mit denen der Kauf nachträglich gerechtfertigt, das Konsumerlebnis gedeutet und die Normenverträglichkeit behauptet werden kann. Hier setzt mit anderen Worten der gesamte soeben skizzierte Beeinflussungsprozeß von neuem ein.

Ich hoffe, daß uns deutlich geworden ist, daß das Wort „Beeinflussung" sehr hoch gegriffen ist. Es dient mehr der persönlichen Wunschbefriedigung, entweder die Werbung zum Sündenbock erklären zu können oder sich Macht über andere Menschen einzubilden. Die Werberealität sieht anders aus. Nur genaue Kenntnisse von der Verbraucherpersönlichkeit und eine sauber geprüfte Abstimmung von Produkt und Werbenachricht auf sie vermag uns einen bescheidenen Erfolg zu sichern.

2.3 Werbewirkung und ihre Indikatoren

Wir haben in der vorausgegangenen Darstellung ein erstes grobes Denkmodell kennengelernt, an dem der werbliche Beeinflussungsprozeß deutlich wird. Ein solches Modell nützt uns nur, wenn es verbindende Indikatoren, Meßstellen zwischen Werbewirklichkeit und Modellkonstruktion gibt. Versuche, solche Indikatoren einzuführen und für werbliche Entscheidungen auszunutzen, gibt es viele. Allen Indikatoren sagt man nach, sie würden die Werbewirkung messen. Daß aber Werbewirkung jeweils etwas anderes bedeutet, je nachdem ob ich bei der Erinnerung (2), bei der Einstellungsänderung (3), beim Vorsatz (4) oder gar beim Kauf (5) messe, liegt auf der Hand. Hinzu kommt, daß keinem der mit den Indikatoren verbundenen Meßverfahren heute eine ausreichende Treffsicherheit (Validität) nachgesagt werden kann [12].

„Die Werbewirkung" kann man also nicht messen. Ja, es gibt sie vermutlich als Meßgegenstand gar nicht. Die Vorstellung von einer allgemeinen Werbewirkung setzt einen direkten Zusammenhang zwischen Werbeanstoß und Reaktion des Angesprochenen voraus. Ein solch direkter Zusammenhang existiert jedoch nicht, vielmehr liegt zwischen beiden Variablen eine Welt von Umständen und Ereignissen. Jede allgemeine Werbewirkung hat viele Ursachen zugleich und schon gar nicht nur die eine, die Werbenachricht.

Vergegenwärtigen wir uns noch einmal ein paar dieser Faktoren, die zwischen Werbenachricht und Kauf störend, verändernd oder auch fördernd eingreifen: da ist zunächst der Kommunikant selbst. Ablehnend und bevorzugend wählt er nur bestimmte Nachrichten oder Teile von ihnen aus; seine Bedürfnisse, Erwartungen, Einstellungen, Vorurteile, Gewohnheiten, Rollenmuster usw. bestimmen die Richtung der Selektion. Dann die Gruppen, in denen er lebt, beeinflussen seine Reaktionen über ihre Opinion leader, Torhüter, Change agents, Vorbilder, Rangordnungen, Normen und öffentlichen Meinungen. Weiter das Reizumfeld der Werbenachricht, mit seinem konkurrierenden Angebot an Informationen. Dann die vielen deformierenden Vorgänge während der Aufnahme der Nachricht, wie z. B. der Van-Restorff-Effekt (Prägnante Elemente der Nachricht werden rascher wahrgenommen und fester gespeichert). Schließlich die große Zahl von Bedingungen, die den Vorsatz bilden helfen und seine Realisierung begünstigen oder hemmen.

Die Werbewirklichkeit ist also von einer so hohen Dimensionalität, daß jede Hoffnung oder Befürchtung einer linearen Manipulation eine Illusion ist. Damit entfällt aber auch jedes werbeprognostische Verfahren, das an Hand weniger Daten die allgemeine Werbewirkung vorauszusagen hofft. Vielleicht würde eine geschickte Kombination vieler Verfahren einen vorläufigen Ausweg bedeuten. Doch da gibt es ein weiteres Problem: die Verfahren selbst sind zur Zeit noch außerordentlich fragwürdig. Sie folgen oft Voraussetzungen, die ungeklärt sind, die Wirkungen der Meßvorrichtungen sind unbekannt, Auswahl und Vergleichbarkeit der Stichproben sind unzulänglich, die Selektion der auswertbaren Teilstichprobe stellt eine Determination der zu messenden Variablen dar, die Vpn wissen meist um die Testsituation, die Vergleichbarkeit der Testsituation mit der Wirklichkeit ist höchst fraglich und sofort.

Sehen wir uns dennoch die Stellen im Prozeß der Werbebeeinflussung ein wenig genauer an, an denen man versucht, die Werbewirkung abzulesen.

2.3.1 *Kauf*

Die der naiven Vorstellung von Werbung naheliegendste Möglichkeit der Werbewirkungsmessung besteht in der Vernachlässigung aller vermittelnden Faktoren. Man beschränkt sich auf die Untersuchung der (stochastischen) Korrelation zwischen der Berührungswahrscheinlichkeit mit der Werbebotschaft einerseits und dem Kauf oder der Wahl einer Partei usw. andererseits. Zur Untersuchung dieses Zusammenhanges kann die Berührung (Exponierung) absichtlich arrangiert worden sein, an der Wiedererkennung abgelesen werden oder sie kann am Bezug des Werbemediums erkannt werden, also am Zeitschriftenbezug oder Fernsehbesitz [16]. Der Kauf wiederum wird mit einem ja-nein oder mit Abstufungen unterschiedlicher Intensität erfragt.

Eine interessante Abwandlung dieser Betrachtung ist die Zugkraft einer Werbekampagne (*R. Reeves* [115]). *Zugkraft* wird die Differenz zwischen den Verbraucherprozenten unter Erinnerern und Nicht-Erinnerern der Werbekampagne genannt (siehe genauer in [129]).

Die Korrelationen zwischen Exponierung und Kauf sind statistisch unbefriedigend, denn sie setzen lineare Regressionen voraus und bringen Stichproben aus unterschiedlichen Populationen zum Vergleich (z. B. Fernsehbesitzer und Nichtbesitzer). Es bleibt ungeklärt, ob und weshalb sich die Vpn der Werbung exponierten, welche Bedingungen über die Werbebotschaft hinaus den Kauf auslösten und ob eventuell dies zugleich die Bedingungen sind, die zur Aufnahme der Werbenachricht führten.

Besonders unzuverlässig zur Messung des Kontakts mit der Werbebotschaft ist die Wiedererkennungsmethode. Denn man weiß seit einigen Jahren, daß der Prozentsatz der Wiedererkenner bei Lesern und Nichtlesern etwa gleich groß ist (*Parm*-Studie; *D. Lucas* und *S. Britt* [96]). Dann ist bekannt, daß eine bestehende Kaufneigung (Adoptionsbereitschaft) oder ein durchgeführter Kauf gegenüber der Werbung aufgeschlossener machen. Beides erhöht die Wahrscheinlichkeit, eine dazu Informationen liefernde Werbung wiederzuerkennen. Dabei bleibt der Zeitraum zwischen Werbeberührung und Wiedererkennen praktisch ohne Einfluß auf den Wiedererkennungswert; bei Frauen fällt er meist höher aus.

Aber nicht nur die Werbeberührung läßt sich kaum verläßlich bestimmen. Ebenso gering ist die Verläßlichkeit von Auskünften über durchgeführte Käufe. Diesen Sachverhalt wies das American Research Bureau nach, indem sie die Auskünfte von Hausfrauen über ihre letzten Einkäufe nachprüften. Nach *Besmer* können wir aus dieser und ähnlichen Untersuchungen folgendes entnehmen: „Zuverlässige und valide Resultate (über die Käufe von Konsumenten; Verf.) dürfen dann erwartet werden, wenn

derjenige befragt wird, der regelmäßig das Produkt einkauft,

eine gewisse Markenloyalität vorherrscht und spezielle Aktionen nicht allzu häufig sind,

mit dem Produkt keine Prestigeüberlegungen verknüpft werden,

das Produkt relativ häufig gekauft wird“ [12, S. 79 f.].

Diese Bedingungen dürften nur selten erfüllt sein. Deshalb ist es sicher zweckmäßiger, entweder eine direktere Kaufkontrolle durchzuführen oder die Reaktionskontrolle zu einem früheren Zeitpunkt im Prozeß der Werbebeeinflussung anzusiedeln. Beispiele für verläßlicher kontrollierbare Reaktionen sind: Bestellungen aus Versandhauskatalogen, Coupon-Reaktionen, Konsumenten- oder Detaillisten-Panels (*Nielsen*) und mit gewissen Einschränkungen auch Testmärkte. Damit sind wir aber auf dem besten Wege, den Kauf als Werbewirkungsindikator aufzugeben. Wir sind besser beraten, die Wirkungskontrolle in die unmittelbare Nähe der Auffassung der Werbenachricht zu legen. Eine solche Kontrolle ist nicht nur verläßlicher, sie entspricht auch besser dem Selbstverständnis des Werbefachmannes als eines Kommunikationsfachmannes.

2.3.2 Erinnerung

Ein anspruchsloseres, aber sicher angemesseneres Ziel der Werbewirkungsmessung ist mit der Prüfung der Erinnerung an die Werbenachricht verbunden. Hier interessiert nicht mehr die Kaufhandlung, sondern allein die Höhe bzw. die Erhöhung des Erinnerungswertes: des Prozentsatzes der Leser, der Fernsehbesitzer usw., die sich zutreffend und mit dem richtigen Produktnamen an die Werbebotschaft spontan erinnern. Gehofft wird bei der Benutzung des Erinnerungswertes, daß seine Höhe allein durch die Werbung bestimmt ist.

Gewiß zeigen Untersuchungen, daß der Umfang der individuellen Erinnerung an Werbemaßnahmen, Produkte o. a. auch von vielen werbeunabhängigen Faktoren bestimmt wird: wie der Motivation oder der persönlichen Gedächtnisleistung. Aber diese Bedingungen sind ja für die zu vergleichenden Werbemaßnahmen identisch, so daß man wohl kein absolutes aber ein relatives Maß erhält, mit dem durchaus eine Entscheidung für oder gegen den einen Werbeentwurf möglich ist.

Es ist bekannt, daß der Erinnerungswert neben der Bekanntheit des Werbeobjektes vor allem davon abhängt, ob die Gestaltung der Werbemaßnahme orientiert ist an Wahrnehmungs- und Lerngesetzen. Ein prägnanter Bedeutungs- und Sinngehalt der Werbebotschaft erhöht auffällig den Erinnerungswert. Demgemäß ist er stark davon abhängig, ob der Leser potentieller Kunde ist und mithin aus persönlichen Gründen die Prägnanz der Nachricht verstärkt ist. Es scheint fast so, als sei der Erinnerungswert vor allem ein Indikator für die Prägnanz der Gestaltung der Werbebotschaft.

Damit verliert der Erinnerungswert endgültig seine Fähigkeit, einen erfolgreichen werblichen Eingriff in das Kaufverhalten zu signalisieren. Einen Versuch diese Beschränkung aufzuheben, stellt die Aktivation-Methode von *G. Gallup* dar: er prüft dreierlei: 1. welche Werbenachrichten werden spontan erinnert (Erinnerungswert), 2. welche Werbebotschaften werden darüber hinaus gesehen (Wiedererinnerungswert) und 3. was wird im Haushalt gekauft (direkte Prüfung).

Wir werden später (Kap. 6) ein werbepsychologisches Denkmodell genauer kennenlernen, das allein die Erhöhung des Erinnerungswertes zu ihrem Ziel nimmt.

2.3.3 Bewertungsänderung

Wir zeigten oben, daß zugleich mit der Speicherung der Werbenachricht eine Bewertungsänderung des Werbegegenstandes einhergeht. So wie man die Erinnerung als Indikator benutzen kann, so mit gleicher Berechtigung die Bewertungsänderung. Man hofft dabei, daß die Änderung weder negativ ist, noch aus einer bloßen Bewertungsstabilisierung besteht. Unter dieser Voraussetzung gibt es zwei verschiedene Zugangswege: erstens durch eine direkte Messung im Feld (etwa durch Einstellungsskalen, Polaritätsprofil; vgl. Kap. 7 und 8) oder zweitens durch eine Messung in einer künstlich arrangierten Situation (z. B. *Schwerin*-Präferenz-Test).

Beide Meßverfahren können selbstverständlich nichts über die Kaufsituation aussagen, da sie wie die Erinnerungsmessung zu früh im Prozeß der Werbebeeinflussung eingreifen. Aber selbst die Einstellungsänderung dürfte in der künstlich arrangierten Situation kaum valide und verläßlich prognostiziert werden, denn die Stichprobe ist nur grob repräsentativ zu gestalten (bei *Schwerin* sogar das Telefonbuch). Die Auswahl der anzubietenden Produkte sowie die Aufgabenformulierung beeinflussen prinzipiell die Wahlentscheidung. Die Vorführung der Werbebotschaft in einem Laboratorium oder in einem Kino kann kaum mit der Realsituation verglichen werden. Schließlich liegt der Zeitpunkt der Produktwahl meist zu kurz nach der Vorführung der Werbemaßnahme.

Dagegen ist die Einstellungsmessung im Feld wesentlich realistischer. Wir dürfen nur nicht dem Aberglauben anhängen, wir würden mit ihr etwas über den Kauf erfahren: Gemessene Einstellungen korrelieren wohl mit Wiedererinnerungs- und Erinnerungswerten (eben weil sie Effekte eines identischen Lernprozesses abtasten), kaum dagegen mit Verkaufsresultaten. So kann es uns auch nicht verwundern, wenn man regelmäßig einige Personen findet, die trotz negativer Einstellungen kaufen. Dies hängt mit dem Meßort von Einstellungsskalen zusammen: sie messen bewußte Emotionen gegenüber Gegenständen aber keine Motive, Pläne und Begründungen von Käufen.

Umgekehrt können Einstellungsänderungen selbstverständlich die Folge von Kaufentschlüssen oder Käufen sein. Sie begleiten die Kaufentscheidung, die Kaufhandlung und die ersten Konsumerlebnisse als sogen. Rationalisierungen und leiten so die Auflösung kognitiver Dissonanzen ein [154].

Zusammenfassend können wir sagen: Die Effektivität von Werbung läßt sich nur dann zutreffend einschätzen, wenn man die Informations- bzw. objektsuchende Zielgruppe genau kennt, und den Prozeßort sorgfältig beachtet, an dem die Wirkung gemessen wird (vgl. auch Kap. 12).

3. WIDERSTAND GEGEN WERBUNG

Das letzte Kapitel hat uns deutlich gemacht, daß Werbung eine Fülle von Schwierigkeiten zu überwinden hat (Fig. 2).

Es ist also zweckmäßig, zwischen zwei Arten von Schwierigkeiten zu unterscheiden: solche, die aus technisch-gestalterischem Anlaß entstehen und Schwierigkeiten, die vom Kommunikanten (eventuell aktiv) der Werbung entgegengesetzt werden. Wenden wir uns zunächst der ersten Gruppe zu:

3.1 Hindernisse in der Werbeherstellung

3.1.1 Zeitproblem

Das weitaus wichtigste Hindernis heißt Zeit und Geld. Dabei ist der Zeitfaktor noch vorrangig dem Geld. Denn der größte

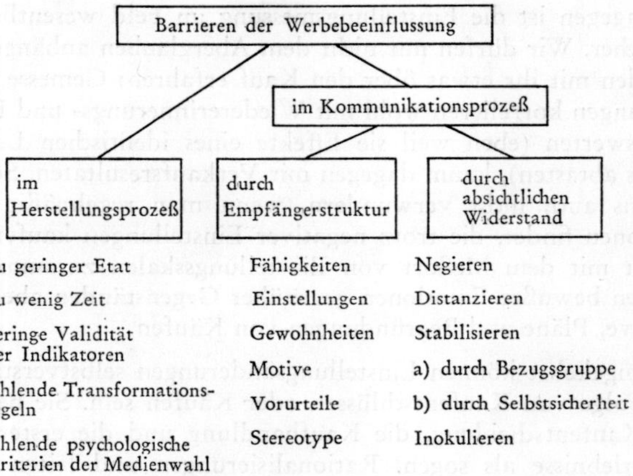

Fig. 2: Psychologisch relevante Barrieren der Werbebeeinflussung

finanzielle Aufwand nützt nichts, wenn man in ein sich rasch wandelndes Geschehen eingreifen will, dessen vieldimensionale Struktur in der notwendigen Kürze nicht zu erfassen ist. Wir sind also in den meisten Fällen auf eine zweckentsprechende Auswahl unter den möglichen empirischen Daten angewiesen. Aber wer garantiert uns, daß wir die günstigste Auswahl getroffen haben? In dieser Lage ist es im allgemeinen die agentureigene Philosophie, das bevorzugte Modell der werblichen Beeinflussung, die bzw. das uns nicht lange nachdenken und experimentieren läßt, sondern uns die gewünschte Selektionssicherheit liefert. Hier liegt einer der Gründe, weshalb wir es für nützlich halten, die häufigsten Modellvorstellungen in Buchform zur Diskussion zu stellen.

3.1.2 Indikatorenproblem

Das nächste Hindernis ist ein methodisches: Selbst wenn uns zuverlässig bekannt sein sollte, welche Daten wir benötigen, so sind sie uns ja keinesfalls unmittelbar zugänglich. Wir benötigen Indikatoren, aus denen wir den Ist-Wert erschließen können. Wir werden im Zusammenhang mit den Modellen ihre Indikatoren (Abschnitt: Methoden) kurz referieren. Dabei werden wir zeigen, daß und weshalb wir kaum sicher sein können, daß unsere Methode das gewünschte Datum tatsächlich mißt. Bereits im vorangegangenen Kapitel konnten wir einen ersten Eindruck von dieser Schwierigkeit vermitteln.

3.1.3 Transformationsproblem

Das nächste Hindernis ist für eine Wissenschaft von der Werbung von besonders fundamentaler Art: Nehmen wir an, wir hätten einen sauber formulierten Auftrag (mit operationaler Erwartungsdefinition) und eine ausreichende Zahl zuverlässiger empirischer Daten, so folgt daraus verblüffend wenig für die Gestaltung der Werbebotschaft. Es fehlt eine prüfbare Theorie für die Übersetzung der Ausgangsdaten in die Werbebotschaft. Die unten noch genauer darzustellenden Beeinflussungsmodelle reichen wohl hin, um den notwendigen Inhalt der Werbenachricht zu fixieren, doch nur wenige gehen einen Schritt weiter und geben Gestaltungshinweise (Kap. 8 bis 11). Es könnte sein, wie es von einigen Seiten angenommen wird, daß es auf die Art der Gestaltung nicht ankommt. Dies ist aber nicht bewiesen. Wir halten diese Annahme für eine bequeme Selbstberuhigung. Aus meiner langjährigen Zusammenarbeit mit dem Grafik-Designer Herrn *Gerd Jedermann* und den gemeinsam durchgeführten Experimenten lassen sich genügend Hinweise für die gegenteilige Auffassung entnehmen: Die Art der Gestaltung wirkt nicht nur verändernd und korrigierend in der Transformation, sondern sie scheint in jedem Falle Informationen hinzuzutun (sogen. unthematische Informationen), die außerhalb der Ausgangsdaten liegen. Gestaltung hat unseres Erachtens also nicht nur eine ästhetische Wirkung im Transformationsvorgang. Wir halten es bei unserem augenblicklichen Kenntnisstand deshalb auch für falsch, nur von Kodierung zu sprechen. Sie ist sicher ein wichtiges Stück der Transformation, aber nicht alles.

3.1.4 Medienproblem

Ohne Vollständigkeit anzustreben, sei noch das Problem der Medienauswahl genannt. Wir sind zur Zeit weit davon entfernt, ein befriedigendes Auswahlverfahren zu besitzen. Es kann auch nicht *ein* Verfahren geben. Sondern je nach den für relevant befundenen Ausgangsdaten und je nach dem Beeinflussungsmodell müssen die Auswahlkriterien andere sein. Dann: es muß für das einzelne Medium bekannt sein, welche Funktion es in einem bestimmten Beeinflussungs- bzw. Adoptionsprozeß einnimmt, welche Adoptergruppen es bevorzugt anspricht, in welchem Adoptionsabschnitt es am häufigsten als Informationsquelle dient (vgl. Kap. 12). Statistische Medienüberschneidungen besagen so gut wie nichts. Denn es müßte nachgewiesen sein, daß sie mit übereinstimmendem Ziel, mit gleicher Haltung aufgenommen werden.

Diese wenigen Beispiele zeigen deutlich genug, welche starken Hindernisse bereits in der Herstellungsphase des Werbekommuniqués wirksam sind. Dabei erwarten uns die wesentlich stärkeren Hindernisse beim Empfänger selbst. Gewiß können wir einige als Daten mitberücksichtigen, doch gibt es andere, die wie Felsen unser löblichstes Vorhaben zunichte machen können.

3.2 Empfängerseitige Barrieren

Der Kommunikant ist kein passiv aufnehmendes Wesen, einem Telefonapparat vergleichbar. Man kann nicht beliebiges in ihn hineinreden, sondern er bringt eine Reihe persönlicher Bedingungen mit, die ihn das eine aufnehmen, verstehen und vielleicht auch befolgen lassen, anderes dagegen verändert er, lehnt es ab oder nimmt es nicht zur Kenntnis. Vergegenwärtigen wir uns die Persönlichkeitseigenschaften, die die Kommunikation so einschneidend behindern können [75].

3.2.1 Leistungseigenschaften

Zur Aufnahme eines Kommuniqués gehören seinem Schwierigkeitsgrad entsprechende sprachliche und kognitive Fähigkeiten. Es kann deshalb nicht überraschen, das intelligentere Menschen Nachrichten zutreffender erinnern als andere. Dies hat nichts mit der Reaktionsbereitschaft zu tun; ganz im Gegenteil reagieren Intelligentere seltener. Vielmehr sind sie wacher, nehmen mehr Nachrichten auf, verstehen sie besser und verarbeiten sie gedanklich in einer für sie befriedigenderen Weise. Sprachliche Gewandtheit ist nicht nur ein Problem der Intelligenz, sondern auch der sozialen Schicht [11]. Rücksichtnahme auf eine geringere sprachliche Intelligenz bedeutet deshalb zugleich: Rücksichtnahme auf eine niedere soziale Schicht.

Für den Werbegestalter hat die Rolle der Intelligenteren unerwünschte Konsequenzen. Da er oft auf den weniger Intelligenten Rücksicht nehmen muß, vermindert er seine Chancen, seinen Berufskollegen sein „Können" zu demonstrieren. Er wird eventuell in Kauf nehmen müssen, daß nicht angezielte Intelligentere seine Werbebotschaft für banal, infantil und entbehrbar halten. Es darf ihm allerdings nicht passieren, daß diese zugleich die Einführer (Kap. 12) für jene weniger intelligente Zielgruppe sind. In einem solchen Falle sollte man auf die ausdrückliche Ansprache der weniger Intelligenten verzichten.

3.2.2 Normativ oder weltanschaulich verankerte Einstellungen

Die Verankerung einer Meinung, einer Handlungsgewohnheit in einem übergeordneten Wertsystem oder in einer in der Gruppe allgemein vertretenen Weltanschauung erzeugt eine starke Resistenz gegen einen werblichen Beeinflussungsversuch. Eine ähnliche Widerständigkeit zeigen normative Verhaltensverpflichtungen. Ihre Aufgabe würde eine Loslösung von der Gruppe und damit eine Zerstörung des wichtigsten Außenhalts bedeuten. Das Sichanklammern an die Bezugsgruppe gibt Geborgenheit und Sicherheit, es sorgt für die Erhaltung der von der Gruppe erworbenen Selbstachtung. Sie macht zugleich unabhängig von Außeneinflüssen und verstärkt so zusätzlich jene Resistenz.

In einer umfassenden Gruppenanschauung verankerte Einstellungen sind bestenfalls in Richtung dieser Weltanschauung veränderbar. Entgegengesetzt gerichtete Änderungsversuche bewirken deshalb ihr genaues Gegenteil: sie bringen wohl die Einstellung in Bewegung, aber fort von dem Beeinflussungsversuch hin zur eigenen Weltanschauung (sogen. Bumerang-Effekt [19]). Der Beeinflußte stabilisiert auf diese Weise sein eigenes Deutungssystem gegen die andrängende Gefahr.

In gruppenunwichtigen Fragen kann es ausreichen, daß der Beeinflußte glaubt, daß alle so denken, um ihn zur Einstellungsveränderung zu bewegen (Mitläufer-Effekt; im engl. Sprachraum auch band-wagon-effect genannt). Allerdings kommen kontrollierende Interaktionen hinzu, wenn es nicht nur um eine Einstellungsänderung, sondern um eine Handlung geht.

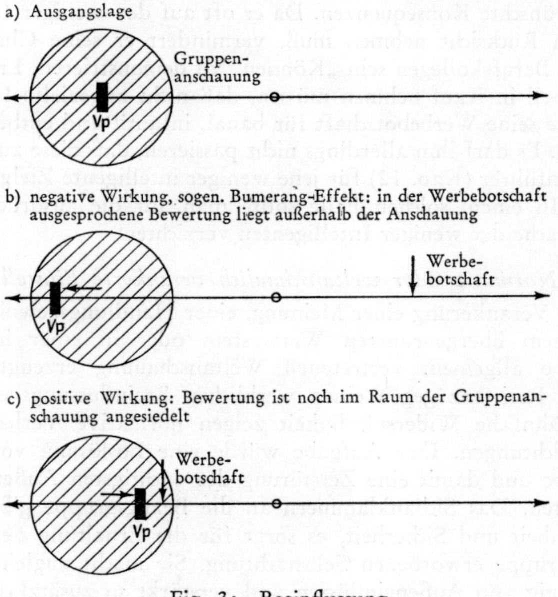

Fig. 3: Beeinflussung
einer in der Gruppenauschauung verankerten Einstellung

Auch Einstellungen, die sich auf das eigene soziale Verhalten beziehen, sind gegen Änderungsversuche sehr widerstandsfähig. Solche durch soziale Umstände erstarrte Einstellungen führen dazu, daß ihnen widersprechende Nachrichten nicht zur Kenntnis genommen werden. Sie führen zu einer einseitigen selektiven Wahrnehmung. Man nimmt nur das zur Kenntnis, was in das gewohnte System von Erwartungen, Meinungen usw. hineinpaßt. Wird man durch irgendwelche Umstände gezwungen, die Nachricht doch zur Kenntnis zu nehmen oder gar zu lernen, so wird sie sehr rasch wieder vergessen. Ein typisches Beispiel hierfür ist der langjährige und dennoch wirkungslose Einfluß von Bekenntnisschulen [102]: erstens determinieren sie ausschließlich religiöse Einstellungen und zweitens schwindet diese Ausrichtung sofort mit dem Verlassen der Schule. Die Familie, das sonstige soziale Umfeld und vor allem die neue Bezugsgruppe setzen stärkere einstellungsdeterminierende Bedingungen, die auch inhaltlich keine Integration der vorübergehend adoptierten Einstellungen zulassen.

3.2.3 Gewohnheiten und Motive

Befindet sich der Empfänger einer Nachricht in aggressiver Stimmung, so neigt er dazu, aggressiv getönte Nachrichten bevorzugt aufzunehmen (vgl. [69, S. 22]). Bildet er eine Meinung, so wird sie aggressiv ausfallen und er wird zugleich wohlmeinende Meinungen ablehnen. Mit anderen Worten die Antriebsanlage des Empfängers wirkt sich auswählend, verändernd und bewertend auf Nachrichten aus. Daraus folgt, daß wir in etwa die Antriebslage erkunden müssen, in der sich der Kommunikant während der Aufnahme des Kommuniqués am wahrscheinlichsten befindet.

Eine der Antriebslage vergleichbare Wirkung haben funktionell autonom gewordene Reaktionen, ganz gleich ob motorischer oder verbaler Art. Sie ersparen einen erheblichen Zeit-, Experimentier- und Entscheidungsaufwand. Sie stehen quasi als Patentlösungen, Gewohnheiten außerhalb jeder Fragwürdigkeit. Sie sind durch Werbung praktisch unangreifbar. Ja, Werbung muß damit rechnen, daß ihr gegenüber solche abwehrenden Gewohnheiten bestehen. Es reicht für den Kommunikanten aus, zu erkennen, daß eine Nachricht „Reklame“ ist, um sie der differenzierten Wahrnehmung durch Umblättern, Anderestun, Lachen usw. zu entziehen. Damit sind wir aber bei der aktiven Abwehr von Werbung, mit der wir uns im folgenden Abschnitt (3.3) ein wenig beschäftigen werden.

Erwähnt sei hier zunächst noch, daß Menschen mit aggressiver Hemmung, depressiven Stimmungen oder Minderwertigkeitsgefühlen leichter beeinflußbar sind. Vermutlich ist diese gemeinsame Kommunikationsstörung auf eine pathologisch verzerrte Input-Kontrolle (*Pribram*) zurückzuführen: durch eine verstärkte Kontrolle der Binnenreize (Bedürfnisse) bleiben Außenreize relativ unzensiert und können sich leichter durchsetzen.

3.2.4 Vorurteile und Stereotypen

Schließlich bleiben Plausibilitätsmuster wie Vorurteile und Stereotypen erwähnenswert. Sie repräsentieren in Kognition und Denken modellhaft Realitätsausschnitte. Sie vereinfachen diese, überbetonen Charakteristisches (im Sinne bestehender Einstellungen) und dienen auch der raschen Kommunikation und Interaktion. Sie entscheiden darüber, ob dem Empfänger Nachrichten glaubwürdig oder unglaubwürdig erscheinen. Damit bestimmen sie aber die Beeinflußbarkeit des Kommunikanten mit. Denn als glaubwürdig erlebte Nachrichten ändern Einstellungen wirkungsvoller.

Vorurteile und Stereotypen lassen die eigene Gruppe und als Mitglied auch die eigene Person in einem positiven Licht erscheinen. Jede Art von Werbenachricht, die dies zu untergraben sucht, ist zur Wirkungslosigkeit verurteilt. Dagegen Nachrichten, die Kontrastgruppen, Konkurrenzgruppen oder gar Sündenbockgruppen im Sinne der Vorurteile verzeichnen, werden als glaubhafte Bestätigungen erlebt.

Eine interessante Erscheinung in diesem Zusammenhang ist der sogen. Sleeper-Effekt. Mit ihm bezeichnet man das im Vergleich zum Gegenstand raschere Abklingen negativer Gefühlsanmutungen in der Erinnerung. Sofern der Lernaufwand zwischen positivem und negativem Gegenstand übereinstimmt, spielt nach einem längeren Zeitraum der Gefühlsunterschied keine Rolle für die Erinnerungsleistung. Die negativen Gefühle können zunehmend schlechter erinnert werden und übrig bleibt das Wissen vom Gegenstand. Dieses Phänomen tritt allerdings nur auf, wenn die negativen Gefühle nicht aus einem übergeordneten (z. B. weltanschaulichen) Zusammenhang stammen.

Der Sleeper-Effekt kann sich auch auf Gefühle der Unglaubwürdigkeit beziehen. So hat man nachweisen können, daß eine unglaubwürdige Nachricht nach einem ausreichenden Zeitraum (mindestens vier Wochen) die gleiche Wirkung erzielt wie die glaubwürdige; vorausgesetzt, die Unglaubwürdigkeit verhinderte nicht das Lernen.

3.3 Aktiver Widerstand des Kommunikanten

Was kann der angezielte Kommunikant unternehmen, um sich absichtlich gegen die werbliche Beeinflussung zu wehren? So weit wir sehen, gibt es für ihn mindestens vier Möglichkeiten. Wir nennen sie: Negieren, Distanzieren, Stabilisieren und Inokulieren.

3.3.1 Negieren

Diese einfachste und sehr verbreitete Möglichkeit verlangt lediglich, daß der Kommunikant eine möglichst zutreffende Vorstellung davon entwickelt, wie ein Werbekommuniqué aussieht. Es reicht für ihn aus, es sich zur Gewohnheit zu machen, das Kommuniqué unbesehen beiseite zu schieben. Gewiß geht er das Risiko ein, eine Nachricht zu übersehen, die tatsächlich belangvoll gewesen wäre. Aber es gelingt unschwer, diese Abwehr zu spezialisieren. So wird nur eine besondere Art von Werbung nicht ausführlich zur Kenntnis genommen: zum Beispiel reklamehafte Aufmachung oder kleine Anzeigen oder Sondersprachen (wie sie in der Kirchen- und Wirtschaftswerbung sehr verbreitet sind), aber auch Themen besonderer Art usf.

Umgekehrt bedeutet die Suche nach bestimmten werblichen Informationen zugleich ein Negieren aller übrigen Nachrichten. Es spricht viel dafür, daß dies die gängigste Art von Abwehr ist. Zum Positiven gewendet können wir auch sagen: eine Nachricht wird in dem Maße beachtet, wie sie als ein Instrument zur Erreichung positiv bewerteter Ziele oder auch zur Bekämpfung negativ bewerteter Ziele verwendbar erscheint [14, 118].

Das Negieren stellt psychologisch einen aktiven Prozeß dar. Die Nachricht wird zunächst tatsächlich gesehen oder gehört. Aber bereits in den ersten Bruchteilen einer Sekunde findet die Selektion statt. Es wird entschieden, ob das Wahrgenommene für eine genaue Betrachtung zugelassen werden kann oder nicht. Dabei ist es eine relativ diffuse, gefühlshafte Erstanmutung, an der diese Entscheidung getroffen wird. Mit anderen Worten, es können nur sehr grobe Merkmale sein, an denen der Kommunikant seine Negierung orientiert. Ist die negierende Haltung thematisch gebunden, so nützt es dem Werbenden nichts, die frühe Abwehr durch eine geschickte Gestaltung hinauszuzögern. Nur wenn es sich um recht globale, formale Merkmale handelt, die der Negationsauslösung dienen, lohnt sich ihre gezielte werbliche Meidung.

3.3.2 Distanzieren

Eine andere Abwehrmöglichkeit von Werbenachrichten besteht darin, die Werbebotschaft auf einer metasprachlichen Ebene zu betrachten. Besonders leicht fällt dies, wenn die eigene Berufsrolle eine entsprechende Fragestellung gestattet: die foto- oder drucktechnische Lösung, die grafische Gestaltung, der sprachliche Ausdruck, die psychologische Kommunikationstechnik können typische Gegenstände einer berufsspezifischen Betrachtung sein. Eine sehr ähnliche Distanzierung läßt ein weltanschauliches Engagement zu. Hier wird allerdings die Betonung mehr auf der Suche nach Teilen der Werbebotschaft liegen, die zu einer der Weltanschauung entsprechenden Bewertung geeignet sind.

Das Distanzieren ist wahrscheinlich nicht ganz so wirksam wie das Negieren. Denn es wird häufig genug zu einem selbstbetrügerischen Kompromiß kommen: Der Kommunikant gibt sich unter dem Deckmantel des Berufsinteresses oder der ideologisch berechtigten Kritik die Möglichkeit, die zu meidende Werbebotschaft dennoch zu betrachten. Aber jeder, der aus Berufsgründen sich viele Werbebotschaften pro Tag anzusehen hat, weiß, daß durch die große Zahl von Anregungen und die gleichzeitige Begrenztheit der Mittel ihre reaktionsauslösende Wirkung denkbar gering ist.

3.3.3 Stabilisieren

Eine von Psychologen recht stark untersuchte Abwehrmöglichkeit besteht in der Festigung der Meinung, die möglichst unbeeinflußt bleiben soll. Soweit im Augenblick zu erkennen ist, gibt es offensichtlich zwei verschiedene Stabilisierungstechniken:

Verankerung der Meinung in der Bezugsgruppe: Bereits *Lewin* hatte darauf hingewiesen, daß die für jeden anderen sichtbare Vertretung einer Meinung diese stärker stabilisiere, als wenn sie nur allein, ohne öffentlichen Kontakt aufgestellt würde. In vielen Untersuchungen hat sich dieser Sachverhalt bestätigt (*A. R. Cohen* [17], siehe auch [18]). Ganz gleich ob man die eigene Auffassung öffentlich äußert oder ob man sie für eine Rede oder einen Aufsatz formuliert, immer kommt es wohl auf das zusätzliche Wissen an, daß den anderen bekannt sei, was man meint. Offensichtlich wünscht (?) man, vor anderen verläßlich und als ein Mensch mit festen Anschauungen zu erscheinen.

Rosenbaum u. a. (1960) haben zeigen können, daß es sogar nur darauf ankommt, daß die Person weiß, daß einer anderen erzählt wurde, daß sie einer bestimmten Auffassung anhänge. Dies reicht aus, um bei ihr eine zunehmende Annäherung an diese Auffassung in Gang zu setzen.

Erzeugung einer selbstsicheren Haltung: Die stabilisierende Wirkung der Bezugsgruppe ist durchaus ersetzbar durch eine erhöhte Selbstachtung des Kommunikanten. In Experimenten wies man nach, daß ein vorangehendes Erfolgserlebnis die Resistenz des Kommunikanten gegenüber einer nachfolgenden Beeinflussung deutlich verstärkt. Diese Wirkung ist sogar davon unabhängig, in welchem speziellen Lebensbereich gerade diese Erfolgserfahrung gemacht wurde. Dieses Experimentalergebnis deckt sich mit der Beobachtung, daß Menschen mit einem höheren Lebenserfolg und Sozialprestige weniger beeinflußbar sind.

Auf beiden Stabilisierungstechniken zugleich beruht offensichtlich die Erscheinung, daß eine langanhaltende ideologische Werbung (Gehirnwäsche) eine starke Abwehr gegen entgegengesetzte Persuasionsversuche erzeugt. Personen, die sehr stark in einem Glauben befangen sind, verfügen in der Tat über eine hohe Selbstsicherheit und haben auch meist in einer Gruppe Gleichdenkender einen entsprechenden Rückhalt. Gehirnwäsche ist nichts anderes als die absichtliche Erzeugung einer solchen Glaubensabhängigkeit.

3.3.4 Inokulieren

Resistenz gegenüber werblichen Beeinflussungsversuchen kann auch erzeugt werden, indem die Abwehr vorher geübt wird. Dabei können durchaus die oben genannten Techniken zur Anwendung kommen. Das Entscheidende dabei ist aber das vorangehende Training. Experimentell untersucht und theoretisch gedeutet wurde diese Technik von *W. J. Mc Guire* [43; 44]; er nannte sie Inokulation (Inoculatio ist die medizinische Bezeichnung für Impfung).

Mc Guire zeigte, daß die Technik zweierlei leisten muß: sie muß für den entsprechenden Bereich sinnvolle Übungen bereitstellen und — was offensichtlich noch wichtiger ist — sie muß den in Frage kommenden Personenkreis motivieren, sich einem Inokulationstraining zu unterziehen.

Es ist nützlich, zwischen einem unterstützenden und widerlegenden Inokulieren zu unterscheiden. Im ersten Falle werden nur zusätzliche Argumente geliefert, damit der eigene Standpunkt besser verteidigt werden kann. Im zweiten Fall werden vorsichtig schwächere Gegenargumente genannt, damit die Person aktiv lernen kann, wie man sich gegen einen Beeinflussungsversuch wehren könnte. Die Experimente zeigen, daß das widerlegende Inokulieren deutlich überlegen ist; besser ist jedoch eine Kombination beider Techniken. Es ist günstig, vorher die Vpn zu warnen; offensichtlich erhöht dies ihre Motivation.

Wie erklärt sich psychologisch die Wirksamkeit des Inokulierens? Korrelationen zeigen, daß wir mit mehreren Quellen der Resistenz rechnen müssen:

1. die Stärke der im Training gelieferten Gegenargumente;
2. die Eignung der zur Verfügung gestellten verteidigenden Argumente und
3. die bereits mit der Verteidigung des eigenen Standpunktes gemachten Erfahrungen.

Es spielt offensichtlich eine Rolle, ob man bei dem späteren Beeinflussungsversuch mit den gleichen oder anderen Gegenargumenten attackiert wird. Wird die Person mit den gleichen Gegenargumenten angegriffen, so ist es besonders wirksam, wenn sie sich lesend mit ihnen vorher auseinandersetzen konnte. Dies gilt nicht für abweichende Gegenargumente. In diesen Fällen ist es deutlich günstiger, sich schriftlich mit Gegenargumenten zu beschäftigen. Wahrscheinlich bleibt man beim Lesen stärker in der Ebene des direkten sprachlichen Verhaltens, während das Schreiben zur Bildung allgemeiner gedanklicher Zusammenhänge anregt, die auf abweichende Gegenargumente erfolgreicher angewandt werden können. Für diese Erklärung spricht auch, daß das schriftliche widerlegende Inokulieren länger wirksam bleibt als das lesende.

4. STEUERUNG DER WERBEBEEINFLUSSUNG DURCH SEINE SIMULATION

4.1 Latente Anthropologien in der Werbung

Die vorangegangenen Kapitel haben uns deutlich gemacht, welche außerordentlichen Schwierigkeiten bestehen, Menschen zu beeinflussen. Dennoch bedient sich jeder von uns charakteristischer Ausdrucks- und Verhaltensweisen, um seine Mitmenschen zu beeinflussen. Das geschieht im allgemeinen spontan, unbeabsichtigt, aus einer großen Zahl vorangegangener Erfahrungen, die wir im Laufe unseres Lebens zu individuell typischen Beeinflussungsstrategien integriert haben. (Das Folgende wurde vom Verf. bereits dargestellt in [64]) Diesen Strategien entsprechen wiederum je besondere Bilder vom anderen, wie er reagiert, was er sich wünscht, was er vermeidet, wie seine Leistungen zu bewerten sind usf.

Diese latenten Anthropologien — wie *H. Kunz* die „Bilder vom anderen" nennt — sind also subjektive, mit Bewertungen angereicherte Modelle vom Menschen. Sie enthalten immer auch Vorstellungen von den Reaktionen der anderen, wie vorausschaubar und in welchem Grade und mit welchen Mitteln sie beeinflußbar sind. Unvollständigkeit, Fehlerhaftigkeit, Einseitigkeit und Starrheit der latenten Anthropologie eines Menschen bestimmen, ob sein Umgang mit anderen erfolgreich ist oder immer wieder scheitert.

Auch Werbefachleute haben wie alle Menschen ihre latenten Anthropologien (siehe auch 11.2.2). Diese sind zunächst die Ursache dafür, daß sie den Verbraucher in einer jeweils subjektiven Weise einschätzen. Die einen halten ihre Zeitgenossen für wenig interessiert, andere betonen ihre Triebgebundenheit oder ihr Geltungsbedürfnis, andere wieder glauben, der Verbraucher suche „echte Informationen“ oder aber ästhetische Erbauung. Solche und andere latente Anthropologien verführen als Vorstellungen vom Verbraucher den Werbefachmann zu einseitig und spontan bevorzugten psychologischen Denkmodellen in seiner Werbung. Wahrscheinlich sind sie auch die Quelle für die Entstehung solcher Denkmodelle. In jedem Falle aber führt dies zur Bevorzugung bestimmter Werbethemen, Gestaltungsformen und Kontrollmethoden. Der Werbefachmann hat dann — wie seine Kollegen sagen — einen persönlichen Stil, an dem seine Werbeunternehmungen sofort zu erkennen sind. Aber nicht nur der einzelne, sondern auch das Team, eventuell die ganze Agentur entwickelt innerhalb aller werbestrategischen Unternehmungen seinen Stil. Er ist so nahtlos gerechtfertigt und erscheint oft so wohlbegründet, daß es für den Auftraggeber aber auch für sie selbst sehr schwer ist, seine subjektive Motiviertheit zu erkennen.

Wie wir sahen, kann jedoch nur dann erfolgreich geworben werden, wenn wir den Verbraucher, seine Beeinflussungs- bzw. Adoptionsbereitschaft, seine Kommunikationsgewohnheiten u. a. zutreffend in Rechnung stellen. Dazu gehört auch, daß der Werbefachmann nicht vorurteilshaft einseitig an nur einem psychologischen Denkmodell hängt. Dies kann er zunächst einmal dadurch erreichen, daß er den verfälschenden Einfluß seiner latenten Anthropologie vermindert. Die Psychologie lehrt, daß dies dann möglich ist, wenn man seine eigene latente Anthropologie genau kennt und vor allem weiß, weshalb einem das Leben gerade diese und keine anderen Scheuklappen aufgesetzt hat. Gewiß ist diese Informiertheit mit Hilfe einer vielstündigen psychoanalytischen Exploration und Aussprache zu erlangen, doch ist das dazu notwendige zeitliche und persönliche Engagement wohl kaum dem einzelnen Werbefachmann zumutbar. Deshalb sollte er ersatzweise einen anderen Weg beschreiten: nämlich möglichst viele werbepsychologische Denkmodelle kennenlernen: ihre Hypothesen, ihre empirischen Verankerungen und vor allem ihre Schwächen. Der Hauptteil dieses Buches hat die Aufgabe, solche Denkmodelle vorzustellen.

4.2 Werbepsychologische Denkmodelle als Modellregelstrecke

Das Ziel einer Werbekampagne ist meist Teil eines umfassenderen Ziels der werbenden Institution. Die Werbekampagne wird auf Grund von Soll-Daten realisiert, die über das Werbeziel zur Verwirklichung des umfassenderen Ziels beitragen sollen. Die Werbekampagne jedoch schafft gemeinsam mit Marketingmaßnahmen und mit (nicht geplanten) Außeneinflüssen einen Ist-Zustand, der meist von den Soll-Daten abweicht. Durch einen entsprechenden Vergleich lassen sich sowohl die Soll-Daten, als auch die Maßnahmen derart ändern, daß der laufend erreichte Ist-Zustand den Zielen der Institution näher kommt. Mit anderen Worten, die Werbung stellt in ihrer Durchführung einen *Regelkreis* dar. (Vgl. zu der hier vorgeführten Betrachtungsform [46]. Über ihren Einsatz in der Werbeplanung siehe *G. Gerken* (Hrsg.): Look out). Dieser Regelkreis hat allerdings eine wichtige Schwäche: Die Zeit, die von der Erstellung der Soll-Daten bis zum Anlaufen der Werbung verstreicht, ist relativ lang. Bis dann die ersten Meßdaten aus der Werbewirkungskontrolle an den Eingang zurückkehren, kann von zutreffenden Soll-Daten keine Rede mehr sein. Der Kybernetiker spricht hier von einer besonders großen *Totzeit* (lag).

Was läßt sich gegen diese Schwierigkeit unternehmen? Erstens: man nimmt den Regelkreis nicht zu ernst und faßt ihn besser als eine Steuerstrecke auf. Dazu würde gehören, daß man sich laufend Unterlagen besorgt, um die Soll-Daten neu zu bestimmen, und vor allem daß man die Werbung nicht allein langfristig konzipiert, sondern kurze Kampagnen innerhalb eines stabilisierenden Rahmenprogramms immer wieder neu anlegt. Das allein reicht allerdings nicht. Deshalb zweitens:

Man bedient sich eines *werbepsychologischen Denkmodells,* das im voraus abzuschätzen erlaubt, in welcher Richtung und Intensität die Werbebeeinflussung erfolgen wird. Denn dieses Modell läßt einen sofortigen Vergleich mit den Soll-Daten zu. Es ließe sich auch — wenn man nur selbstkritisch genug ist — zunehmend verbessern. Doch gibt es hier eine neue Schwierigkeit: Ein Modell stellt ja nie die ganze Realität dar, sondern

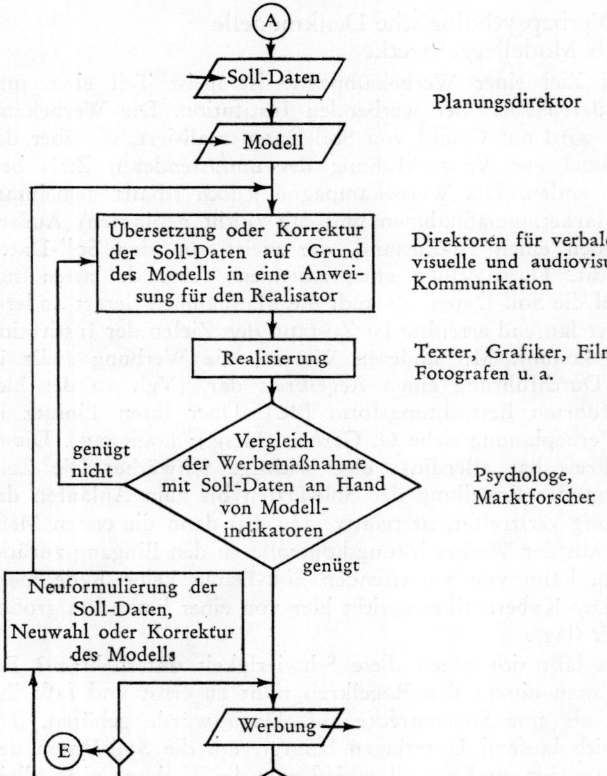

Fig. 4: Standort werbepsychologischer Denkmodelle im Ablauf der Werbeproduktion und Durchführung

bildet immer nur diejenigen Teile ab, auf die es im Augenblick besonders ankommt. Es wird also ein häufiger Wechsel zwischen den Modellen erforderlich sein. Dazu werden wir sie aber genauer kennen müssen, um sie problemgerecht auswählen zu können.

Die Position eines werbepsychologischen Denkmodells im Realisierungsprozeß einer Werbekampagne können wir dem Flußdiagramm (Fig. 4) entnehmen. Hier wird deutlich, daß nur solche Modelle im Sinne einer Modellregelstrecke wirksam werden können, die eine mit der Realität vergleichende, objektive Prüfung der entworfenen Werbemaßnahmen zulassen. Die Variablen des Modells müssen operational definiert sein und sich beziehen lassen auf genau bezeichnete Teile der entworfenen Werbemaßnahme. Damit wird das oben skizzierte Indikatorenproblem zu einem Prüfstein für die Zweckmäßigkeit der Auswahl eines Modells. Wir werden sehen, daß gerade unter diesem Aspekt Modelle verworfen werden müssen, die sich einer besonderen Hochschätzung unter Werbefachleuten und ihren Kritikern erfreuen.

4.3 Absicht

Soviel einleitend zur Werbepsychologie. Die nun folgende Darstellung ihrer Denkmodelle ordnet diese nach ihren *Grundannahmen*. Mit der Berechtigung der notwendigen Vereinfachung greifen sich die Modelle ein, zwei, selten mehr Variablen aus dem werblichen Beeinflussungsprozeß heraus und machen nur diese zu den Zielgrößen der Werbung. So wird etwa postuliert: der Umworbene entscheide sich allein (!) gemäß der Bekanntheit, den der Werbegegenstand im Vergleich zu anderen konkurrierenden Gegenständen hat. Diese Grundannahme wird jeweils als erstes klar herausgestellt.

Sodann wenden wir uns dem (oder auch den) *Modell*(en) zu, das sich aus der Grundannahme ableitet. Wir werden seinen Aufbau und seine kognitiven Besonderheiten kennenlernen. Aber wir werden uns auch für die historischen Hintergründe des Modells interessieren und uns mit seinen Beziehungen zu weiterreichenden psychologischen Annahmen beschäftigen. Wir werden uns bemühen, in dieser Phase der Darstellung noch auf kritische Stellungnahmen zu verzichten.

In einem dritten Abschnitt wenden wir uns den als Indikatoren dienenden Variablen und vor allem ihren *Meßmethoden* zu. Modell und Meßmethode sind häufig so eng miteinander verknüpft, daß ihre getrennte Darstellung etwas künstlich erscheinen wird. Wir empfehlen auch dem Leser, dem psychologische Untersuchungsmethoden völlig ungeläufig sind, den Abschnitt Methoden jeweils vor der Modelldarstellung kurz zu überfliegen. In umgekehrter Reihenfolge ließ sich die Abschnittsfolge nicht abwickeln, weil sich rasch zeigte, daß die Methodendarstellung am ehesten die schwachen Stellen des Modells sichtbar macht. Es wird zum Beispiel deutlich, ob das Modell tatsächlich als Modellregelstrecke zur Stabilisierung und Optimierung der Werbewirkung beitragen kann. Damit hätten wir aber u. E. zu früh eine wertende Einstellung zum Modell erzeugt. Und gerade das wollten wir — soweit möglich — mit der gewählten Darstellungsreihenfolge vermeiden.

Schließlich werden wir die *Schwächen* und *Entwicklungstendenzen* eines jeden Modells aufzuzeigen versuchen. Der Leser sollte sich gerade in diesen Abschnitten bewußt bleiben, daß sich Modelle prinzipiell kritisieren lassen: sie sind immer vereinfachte und folglich fehlerhafte Abbilder der Wirklichkeit. Kritik bedeutet hier also nicht Verwerfen des einzelnen Modells. Sondern:

1. Kenntnis dessen, was ein bestimmtes Modell nicht leisten kann;
2. Bewußtwerden des berechtigten Einsatzortes eines Modells;
3. Bereitschaft zur Weiterentwicklung und Perfektionierung des Modells und seiner Methoden.*

* Die praktische Anwendung der Denkmodelle auf die planerische und gestalterische Produktion von Werbung soll einer späteren Darstellung vorbehalten bleiben.

ZWEITER TEIL: MODELLE

5. REKLAME-MODELL

5.1 Grundannahme

Der Verbraucher ist problemlos beeinflußbar, wenn es gelingt, seine Aufmerksamkeit für die Werbebotschaft zu wecken.

Aus dieser Grundannahme wird gefolgert, daß es allein darauf ankommt, die Zuwendung des Verbrauchers durch eine auffällige Aufmachung der Botschaft zu erzwingen: es käme auf die *Aufmerksamkeitsweckung* an, wie man vor eine halben Jahrhundert im psychologischen Fachjargon formulierte.

Daß wir das auf dieser Grundannahme fußende Modell heute noch für darstellenswert halten, hat drei Gründe: Erstens wird es — wenn auch mit anderen Rechtfertigungen — noch ernst genommen. Zweitens sind die zu diesem Modell gehörenden Meßverfahren heute noch im Gebrauch. Tatsächlich liefern sie uns wichtige Informationen über den Dekodierungsvorgang der Werbebotschaft. Drittens zeigt uns die Kritik dieses Modells eine Seite am Verbraucherverhalten, die heute noch in keinem Modell zur völligen Zufriedenheit berücksichtigt ist.

Sehen wir uns zunächst das Modell bzw. seine Entwicklung genauer an:

5.2 Modell

Die soeben referierte Grundannahme ist typisch für die Werbung vor 1930. Sie betonte vorrangig die Aufmerksamkeitsweckung und erst an zweiter Stelle die Nachricht; wir wollen sie als *Reklame* von der späteren Werbung abgrenzen.

Das Reklame-Modell entsprach voll und ganz der damaligen Psychologie. *S. Freud* schrieb damals in seiner kritischen Auseinandersetzung mit *Le Bons* Psychologie der Massen: „Selbst zu allen Extremen geneigt, wird die Masse auch nur durch übermäßige Reize erregt. Wer auf sie wirken will, bedarf keiner logischen Abmessung seiner Argumente, er muß in den kräftigsten Bildern malen, übertreiben und immer das Gleiche wiederholen.“ *(S. Freud,* Bd. 13, S. 83).

Diese Vorstellung war frei von jedem Interesse für die Ansprechgruppe. Allein die Beachtung und Aufmerksamkeit auslösende Auffälligkeit stand im Mittelpunkt der ersten werbepsychologischen Untersuchungen und Überlegungen. Es begann 1900 mit den Untersuchungen des Amerikaners *Gale.* Sie wurden 1907 von *Daniel Starch, W. D. Scott, Hollingworth, Strong* u. a. fortgeführt. Alle diese ersten Untersuchungen konzentrierten sich auf die Probleme der Aufmerksamkeitsweckung, Erkennbarkeit (z. B. von farblich unterschiedlich gestalteten Plakaten) und auch der angeblichen Aufmerksamkeitswirkung der Plazierung.

In Deutschland wurden zur gleichen Zeit psychologische Probleme der Werbung nicht untersucht. Man zog es vor, zu diskutieren und zu philosophieren. In dieser Situation bedeutete das Reklame-Modell, mit seinem sauber begrenzten Forschungsgegenstand, einen deutlichen Fortschritt, den *H. Münsterberg* erkannte. Er setzte sich weniger für das Denkmodell als für die Einführung der experimentellen Methode ein (1913). Wenn er auch zum Beispiel die Untersuchungen *Starchs* zur Plazierung als vorbildlich referierte und wir heute wissen, daß es eine allgemeingültige optimale Plazierung nicht gibt [29], so war dies doch eine mutige Aufforderung, das erbauende Philosophieren gegen das mühselige Experimentieren einzutauschen.

Erst nach dem ersten Weltkrieg führte *Edmund Lysinski* (1919) in Deutschland das erste werbepsychologische Experiment durch. Sein Experimentierfeld waren die Schaufenster eines Hutgeschäftes in Mannheim. Er variierte systematisch: Preis, Beiwerk, Farbigkeit, Plazierung und kontrollierte gleichzeitig: Betrachteranzahl, Betrachtungsdauer, Schaufensterbezug beim Kauf und Umsatz.

Es war auch *Lysinski,* der als erster das Tachistoskop zur Messung der Aufmerksamkeitsweckung durch Werbemittel und der Erkennbarkeit von Werbebotschaften einsetzte (etwa 1923).

Dabei bezeichnete Aufmerksamkeit für ihn dasjenige Verhalten, das das Gerichtetsein auf das Werbemittel unterstützt und zum Teil auch repräsentiert.

Er registrierte die Blickrichtung als einen Indikator der sich sprunghaft ändernden Aufmerksamkeitsrichtung. Demgemäß erfaßte er einen fiktiven Betrachtungsverlauf, der noch heute nach *Lysinski* mit den Worten Blickfänger, Blicklenker und Blickfeßler beschrieben wird (vgl. Fig. 5).

Die Aufmerksamkeitsrichtung ändert sich etwa 2 bis 16 mal pro Sekunde. Die Anzahl der Nachrichtenteile, die zwischen zwei Umschaltungen perzipiert werden können (Aufmerksamkeitsspanne bzw. Umfang, auch Kanalkapazität), beträgt höchstens 7 bis 9. Die Beachtung dieser Daten ist auch heute noch wichtig, wenn wir eine rasche Reaktion auslösen wollen, etwa am Armaturenbrett, durch Warnschilder oder wenn wir nur mit einer sehr kurzen Betrachtungszeit rechnen können (Plakate, Anzeigen).

Mit dem (zum Teil historisierenden) Lehrbuch von *Th. König:* Reklame-Psychologie (1924) geht die erste Phase der Reklamepsychologie ihrem Ende entgegen. Der Prozeß der Werbewirkung wird nun zunehmend differenzierter gesehen. Dennoch bleibt der Gedanke der Aufmerksamkeitsweckung immer noch ein wichtiger Bestandteil des werbepsychologischen Denkens. Eine Stütze für diese Stabilität des Aufmerksamkeits-Vorurteils war sicher die AIDA-Regel (attention, interest, desire, action = Aufmerksamkeit, Interesse, Wunsch, Handlung) (*Lewis* 1898). Der in ihr behauptete starre Wirkungsablauf findet sich z. B. noch 1953 bei *Rudolf Seyffert:* Sinneswirkung — Aufmerksamkeitswirkung — Gedächtniswirkung — Vorstellungswirkung usw. Typisch hieran ist, daß der Empfänger als ein von der Gruppe isoliertes, mechanisch reagierendes Wesen gedacht wird. Ja, selbst in den sechziger Jahren begegnet uns in den „Creative-Conzept-Tests" einiger Werbeagenturen diese Vorstellung.

Eine zweite Phase der Entwicklung des Reklame-Modells setzt mit der *gestaltpsychologischen Deutung* der gewonnenen Untersuchungsergebnisse ein. Immer noch wird die Aufnahme der Nachricht als ein relativ passiv-rezeptiver Vorgang gesehen. Aber an die Stelle der Aufmerksamkeitsintensität und des punktförmigen Blickverlaufs treten nun die Inhalte der gefühlsmäßigen Erstanmutung, sowie die Beachtung der Figurbildung und des Figurwechsels während der Betrachtung der Werbebotschaft. Die Inhalte des Auffassungsprozesses (der sogen. Aktualgenese) werden weiterhin mit tachistoskopischen Methoden erfaßt. Man interessiert sich für die gefühlsmäßige Erstanmutung, weil man erkannt hatte, daß nicht so sehr die Auffälligkeit die Beschäftigung mit der Werbebotschaft bestimmt, sondern ihre Inhalte (vor allem die unthematischen Informationen) und deren Bewertung in den ersten Betrachtungsmomenten.

Darüber hinaus beachten die Gestaltpsychologen stärker die Gesetzmäßigkeiten bei der gliedernden, deutenden Wahrnehmung der Werbebotschaft (vgl. [73]). Die Figurwandlungen im Wahrnehmungsfeld werden beschrieben als: konzentrieren (scharfe, enge Figur), diffundieren (unscharfe, weiche Figur) und teilen (mäßig scharfe, enge Figuren). Ein extremer Aufmerksamkeitsumfang gelingt dem Betrachter — wie nun nachgewiesen wird — durch Gruppierungen (Kodifizierung) höherer Ordnung (Gestaltbildung). Der Textblock einer Anzeige etwa braucht nicht im Detail aufgefaßt und gelesen zu werden, sondern kann als Ganzes, eben als Textblock gesehen werden. Dadurch beschränkt sich der Betrachter auf eine globale, gefühlsmäßige Reaktion, zum Beispiel auf eine Abwertung der Anzeige als „Reklameunsinn“ oder auf eine Aufwertung des gezeigten Gegenstandes als besonders „vernünftig, sachlich“.

Mit der Beachtung der gefühlsmäßigen Reaktion kommt eine zusätzliche Modellvariable in die werbliche Überlegung, das sogenannte Image. Gemeinsam mit der Bekanntheit des Werbegegenstandes wird die Image-Vorstellung später zu einem mathematisierten Modell der Werbebeeinflussung geführt (vgl. Kap. 8). Hier leistet sie zunächst das ihre zur zunehmenden Erkenntnis, daß nicht die Werbebotschaft selbst, sondern die individuellen Wahrnehmungsbedingungen die Faktoren sind, die primär die Aufnahme der Werbebotschaft bestimmen. Doch bis dahin ist es noch ein weiter Weg.

Bevor wir uns die dritte Entwicklungsphase des Reklame-Modells — nennen wir sie die kreative Beeinflussung — ansehen, wollen wir die Methoden kennenlernen, die für das bisherige Beeinflussungsmodell typisch sind.

5.3 Methoden

Ganz gleich ob die Auslösung von Aufmerksamkeit und Zuwendung elementen- oder gestaltpsychologisch gesehen wird, in jedem Falle kommt es darauf an, bei den Vpn die ersten Augenblicke der Beschäftigung mit der Werbebotschaft apparativ sichtbar zu machen. Denn es soll geklärt werden, ob die Werbebotschaft genügend auffällt, rasch genug erkannt wird und ob die ersten Eindrücke eine ausführlichere Zuwendung wahrscheinlich machen. Um dies zu klären, benutzt man Apparaturen, die den Wahrnehmungsvorgang erschweren und so die ersten Momente der Wahrnehmungsentstehung zeitlich strekken. Nach einem Vorschlag von *B. Spiegel* [136] nennen wir sie

5.3.1 Aktualgenetische Verfahren

Für die genannte Aufgabe ist jede Apparatur verwendbar, sofern sie nur eine Wahrnehmungsbarriere errichtet. Typische Barrieren sind: kurze Darbietungszeit (1/1000 bis 1 sec), verschwommene Darbietung, sehr lichtschwache Darbietung, Betrachtung nur mit der Peripherie des Augenhintergrundes und sehr kleine Darbietung des Gegenstandes.

Die gängigste Methode ist die Verwendung einer sehr kurzen Darbietungszeit. Die Apparatur, die dies leistet, nennt man ein *Tachistoskop*. Am häufigsten wird heute eine Art Diaprojektor benutzt, der ein Dia der Anzeige, des Plakates oder auch der Packung an die Projektionswand wirft. Die Vorführzeit und der Gesamtlichtstrom werden elektronisch gesteuert. Der Vp werden bestimmte Fragen gestellt, wie: „Wir zeigen ihnen eine Anzeige. Um welches Produkt könnte es sich handeln?“ oder: „Was für Personen könnten abgebildet sein?“ oder „Versuchen Sie bitte so viel wie möglich vom Text der Anzeige zu erfassen!“ Ist man stärker an der Erstanmutung interessiert, wird man eine allgemeinere Aufgabe stellen: Der Vp wird ausführlich das Problem geschildert und sie wird aufgefordert alles zu sagen, was ihr im Moment der Darbietung durch den Kopf geht; evtl. läßt man sich nachträglich skizzieren, was sie gesehen hatte. Diese allgemeine Anweisung macht meist eine Übungszeit mit der Vp erforderlich.

Das Tachistoskop liefert keine absoluten Erkennungszeiten, läßt aber einen Vergleich unterschiedlicher Entwürfe (z. B. von Plakaten oder Anzeigen) zu. Es wird recht zuverlässig deutlich, welche Details sehr rasch, welche dagegen nur langsam oder sogar gar nicht aufgefaßt werden. Fehlerhafte Deutungen des Gesehenen geben zusätzliche Korrekturhinweise.

Es muß jedoch angezweifelt werden, daß das Tachistoskop geeignet sein soll, die frühen gefühlshaften Anmutungen einer Aktualgenese gültig aufzuzeigen. Die Laboratoriumsbedingungen, unter denen dies Verfahren durchgeführt wird, haben wenig mit der Situation gemeinsam, in der eine Zeitschrift gelesen oder ein Plakat im Vorbeigehen betrachtet wird. Es fehlen diejenigen Motive und Handlungsabläufe, die sonst selegierend, akzentuierend und bewertend wirksam werden können.

Alle anderen aktualgenetischen Verfahren erweisen sich gleichfalls für die Messung der Erkennbarkeit als geeigneter. Ein Verfahren, das zu Unrecht immer noch angewandt wird, ist die sehr lichtschwache Darbietung. Die notwendige Apparatur, das Nyktoskop oder auch die Dämmerungsbrille verfälschen durch die stark verminderte Helligkeit die Intensitätsverhältnisse, mit denen die Farben der Werbebotschaft gesehen werden (Purkinje-Phänomen). Es ergeben sich deshalb für den Gestalter keine verläßlichen Korrekturhinweise.

5.3.2 Verfahren der Blickregistrierung

Alle Verfahren zur Erfassung des Blickverlaufs [45] sind mit ihrem umfangreichen Einsatz von Filmgeräten außerordentlich aufwendig und stehen mit ihren Kosten selten in einem vertretbaren Verhältnis zum Nutzen des Untersuchungsergebnisses. Hinzu kommt, daß immer nur das Hinschauen und die punktuelle Blickrichtung verläßlich mit Filmkameras erfaßt werden kann. Wie groß das betrachtete Feld tatsächlich ist, was von ihm aufgefaßt wird und welche kognitiven Prozesse sich jeweils anschließen, bleibt ungeklärt. Dennoch wäre es sicher für die gesamte Kommunikationsforschung ein Fortschritt, wenn zur Erfassung des Blickverlaufs und seiner begleitenden psychischen Vorgänge eine kostengünstige und zugleich verläßliche Aufnahmeapparatur entwickelt würde.

Fig. 5: Beispiel für das Ergebnis einer Blickverlaufsuntersuchung an einem Plakat

5.4 Beeinflussung durch Originalität

Was ist heute aus dem Gedanken der reklamehaften Aufmerksamkeitsweckung geworden? Er lebt in einem überraschenden Gewand fort: in der Originalität der Gestaltung einer werblichen Nachricht. Mit der Selbstrechtfertigung, daß der Verbraucher einem Überangebot an Werbung ausgesetzt sei, wird behauptet, daß deshalb Heraushebung um jeden Preis erforderlich sei: „Sei in deinem Werbestil nicht konventionell, sondern kreativ!" Diese Forderung hat nichts mit künstlerisch-kreativer Produktivität zu tun. Sondern es geht allein um den gaghaften, ungewöhnlichen Einfall. Dieses Konstruktionsprinzip für Werbung muß aber mindestens als unzweckmäßig bezeichnet werden (vgl. [53; 20]). Denn:

Erstens reagiert der Angesprochene nicht auf jeden Reiz, ja er apperzipiert noch nicht einmal jeden, auch nicht wenn der Reiz sehr auffällig ist. Persönliche Motive, das Reizumfeld, Sättigung, Vorinformiertheit, Intelligenz, Gruppenmeinung u. a. bedingen diese Auswahl unter dem Reizangebot. Deshalb bedeutet Originalität ein Dennochbeachtetwerdenwollen. Dies ist genau die Auffassung des alten Reklame-Modells. Und so nimmt auch Kreativität keine Rücksicht auf die Interessen der Verbraucher. Damit ist aber zugleich keinem Werbenden genützt.

Zweitens machen ungewohnte Sprechformen und Visualisierungen dem Empfänger die Dekodierung sehr schwierig (vgl. auch die experimentellen Untersuchungen zum Lesewiderstand). Mit der Sendung von ungewohnt Gestaltetem vergrößert sich die Wahrscheinlichkeit der Abwendung. Deshalb sollte ein eher konventioneller aber keineswegs werblicher Stil bevorzugt werden.

Drittens vermitteln konventionelle Inhalte (nicht Stil!) dem Angesprochenen keine neue Information, bestenfalls bestätigen sie seine alten Vorstellungen (Sättigungsgefahr!). Keine stilistische Kreativität vermag solche konventionellen Inhalte auszugleichen. Sie macht lediglich den Zugang schwieriger und täuscht dem Verbraucher einen gewichtigen Inhalt vor. Eine inhaltsleere Werbung sollte deshalb besser unterbleiben oder neu durchdacht werden.

Viertens verringert Originalität die Wahrscheinlichkeit, daß die Nachricht zutreffend verstanden und eingeordnet wird. Sie vergrößert umgekehrt die Gefahr projektiver Verzerrungen und das Für-real-nehmen der angebotenen stilistischen Kreationen.

Fünftens sollten wir daran denken, daß je unkonventioneller Inhalt und Form einer Nachricht sind, desto höher wird der notwendige Antrieb zur Zuwendung: es wird eine starke Motivation erforderlich, um sich genauer mit dem Angebotenen zu beschäftigen. Dies hängt damit zusammen, daß:

Sechstens je unkonventioneller Form und Inhalt einer Nachricht sind (Verfremdung), desto mehr Vorinformation und Deutungsgeschicklichkeit für ihr Verständnis erforderlich sind. Häufig wird in einer kreativen Werbung die Sachkunde unterschätzt aber die Gestaltungskenntnisse überschätzt.

Dennoch glauben wir, daß „Kreativität" als eine modische Prestigeformel akzeptierbar ist, wenn berücksichtigt bleibt:

1. daß immer auch Bedürfnisse nach Gefühlserlebnissen oder Sachkenntnissen beim Angesprochenen befriedigt werden,
2. daß für den Angesprochenen eine „Einstiegsmöglichkeit" (eventuell konventioneller Art) besteht,
3. daß ein ungewöhnlicher Stil kein Ersatz für fehlende Gefühls- oder Sachinformationen ist,
4. daß Originalität nicht auf Kosten der Verständlichkeit und Eingängigkeit produziert werden darf und
5. daß die Vorinformiertheit des Angesprochenen nicht zu gering oder wesentlich zu hoch eingeschätzt wird.

5.5 Exploratives Verhalten

Die entscheidende Schwäche des Reklame-Modells liegt in der Unterschätzung der Aktivität des Kommunikanten. Das Modell tut so, als käme es allein darauf an, beachtet zu werden. Fällt man nur genug auf, dann sei der Werbeerfolg gesichert. Jeder Verkäufer weiß, daß dies nicht stimmt: die Aufmachung seiner Ware und das darin signalisierte Angebot, die Bedürfnislage des Angesprochenen und dessen Geldbeutel sind mindestens genauso wichtig.

Die weitaus wichtigste Vorbedingung für den Erfolg jeder Werbung aber bleibt die (auf die Adoption einer Idee, eines Produktes o. a. zielende) Bedürfnislage des Angesprochenen. Erst ein ausreichend prägnant gerichtetes Adoptionsbedürfnis garantiert ein nach Informations- und Befriedigungsmöglichkeiten suchendes exploratives Verhalten. Genauer können wir sagen, daß die sich organisierende Adoptionsbereitschaft das allgemeine explorative Verhalten eines Menschen auf ein konkretes Zielfeld hin fokusiert. Erst jetzt gewinnt die Werbenachricht eine ausreichend starke individuelle Auffälligkeit, so daß sie voraussichtlich gelesen wird. Nicht die Aufmerksamkeitsweckung, sondern der bereits laufende Adoptionsprozeß mit seinem explorativen Verhalten steht am Anfang jeder werblichen Überlegung.

Worum handelt es sich bei diesem *explorativen Verhalten?* Psychologen bezeichnen damit auf Informationsgewinn abgestellte Reaktionen. Sie haben triebhaften Charakter und sind beim Lernen als sogen. Verstärker (im Moment des Informationsgewinns) wirksamer als fremde oder spätere Belohnungen. Der wichtigste Gegenspieler zum explorativen Verhalten ist Furcht [157]. Alter und Erfahrungen eines Menschen entscheiden darüber, ob er mit dem einen oder anderen reagiert. Sicher ist es falsch, in Werbenachrichten eine Furcht zu aktualisieren, die genau gegen das im Augenblick notwendige explorative Verhalten gerichtet ist.

Exploratives Verhalten wird häufiger beobachtet und scheint auch intensiver aufzutreten bei jüngeren Menschen, bei intelligenteren Menschen und bei Stadtbewohnern. Dies ist einerseits für die Werbung eine Chance, von diesen Menschen zur Kenntnis genommen zu werden. Umgekehrt wird es ihnen dadurch aber auch häufiger passieren, daß sie sich mit einer Werbenachricht auseinandersetzen müssen, die ihrer Bedürfnislage weniger entspricht. Deshalb werden wir gerade bei diesen Bevölkerungsgruppen auf eine affektivere öffentliche Ablehnung der Werbung stoßen, von der sie sich zu Recht bedrängt fühlen. Bei jüngeren Menschen kommt noch hinzu, daß sie sich in einer Zeit des Rollenwechsels befinden: sie müssen sich für selbstverantwortliche Rollen begeistern und die abhängige, auf Geborgenheitsgewinn abgestellte Kindheitsrolle bekämpfen. Werbung als Symbol für autoritäre Beeinflussung ist in dieser Lebenssituation ein unverbindlicher, risikoloser Sündenbock.

Exploratives Verhalten signalisiert sich dem Psychologen auf unterschiedliche Weise (vgl. *E. Mittenecker* [103, S. 746 ff.] dort weitere Literatur):

1. *Lange Betrachtungszeit.* Neuheit und Überraschung sind für dieses Orientierungsverhalten tatsächlich die günstigsten Bedingungen. Je deutlicher eine Diskrepanz zum vertrauten Bild der Umwelt besteht, desto länger die Betrachtungszeit. Dies scheint für das Reklame-Modell zu sprechen. Doch täuscht dieser erste Eindruck: Erstens geht es nur um die motorische Steuerung der Sinnesorgane; zweitens bezieht sich die lange Betrachtungszeit nur auf denjenigen Nachrichtenteil, der so überraschend wirkt: sie geht also der übrigen Nachricht verloren; und drittens wirkt sie entgegen einem anderen Aspekt des explorativen Verhaltens, nämlich der

2. *Annäherungs- und Suchbewegung.* Beide sind relativ reizunabhängig. Sie werden nur vorübergehend durch die Neuheit und Komplexität der Nachricht aktiviert. Überraschung hemmt sogar diese sogenannte lokomotorische Exploration. Furcht verhindert sie. Während die lange Betrachtungszeit den „Wunsch" signalisiert, das Was-ist-es zu beantworten, kommt es hier auf die Kontaktsuche an. Im ersten Falle starrt der Betrachter fasziniert auf die Anzeige, hier tastet er sie ab, um sie genauer kennenzulernen. Die lokomotorische Exploration für sich zu gewinnen, ist für die Werbung also entscheidend.

3. *Informationsbedürfnis.* Dieser dritte Aspekt des explorativen Verhaltens ist offensichtlich völlig reizunabhängig; man spricht hier auch von epistemischer Neugier. Der Auslöser von Informationsbedürfnissen sind Konflikte zwischen Einstellungen oder auch zwischen Gedanken. Man hat nachweisen können, daß diese Konflikte zu keinem Reizhunger führen, sondern gezielt die Aufnahme konflikterhellender Informationen

fördern. Das Informationsbedürfnis kann durch (schwächere) Unbestimmtheiten der Nachrichten gefördert werden. Für die Konzipierung einer Werbekampagne wäre es demnach äußerst nützlich, die ungelösten Konflikte und Probleme der Zielgruppe zu kennen und (sofern sie zum Werbegegenstand passen) in der Werbebotschaft zu berücksichtigen. Im psychoanalytischen Modell ist dies tatsächlich der zentrale Gedanke (Kap. 10).

4. Schließlich sei erwähnt, daß bei Kindern und jungen Menschen ein direkter Umgang mit dem Gegenstand wichtig ist. Diese Tendenz zu einem manipulierenden Untersuchungsverhalten wird man am ehesten in PR-Maßnahmen entgegenkommen können.

Wir hoffen deutlich gemacht zu haben, daß das Reklame-Modell zu einer Theorie entwickelt werden muß, die die Zuwendung zur Werbebotschaft differenzierter beschreibt. Diese Theorie müßte sodann Teilstück eines umfassenderen Modells der Werbebeeinflussung sein. Als ein solches Gesamtmodell fassen wir das Adoptionsmodell auf (Kap. 12).

6. IMPACT-MODELL

6.1 Grundannahme

Der Verbraucher trifft seine Entscheidungen allein nach einer Bekanntheitshierarchie. Je höher das Werbeobjekt in dieser Hierarchie steht, desto größer ist die Wahrscheinlichkeit, daß sich der Verbraucher für dieses Objekt entscheidet.

Aus dieser Grundannahme folgt, daß es nur darauf ankommt, von möglichst vielen gekannt zu werden. Oder bezogen auf die Werbebotschaft: Möglichst viele sollen sie und ihren Werbegegenstand erinnern. Es kommt also auf die Erzielung eines möglichst hohen *Erinnerungswertes* (Prozentsatz der Spontanerinnerer) an. Andere beziehen diese Grundannahme auf die ganze Werbekampagne und fordern für sie eine hohe Bekanntheit, die sogen. *Durchdringung* oder Penetration (*R. Reeves* [115]).

Diese Grundannahme hat für den Werbefachmann zwei unbestreitbare Vorteile: Erstens koppelt sie seine Unternehmungen an einen Meßwert, der sich eindeutig reproduzieren läßt. Zweitens formuliert diese Grundannahme ein akzeptables Ziel für den Werbefachmann: Weshalb soll es seine Aufgabe sein, die Wahl einer Partei oder den Kauf eines Produktes zu vermehren? Diese Vorgänge sind, wie wir sahen, von sehr vielen außerwerblichen Bedingungen mit abhängig. Die Auslösung der eigentlichen Reaktion kann besser im Rahmen eines umfassenden Marketingsvorhabens gesehen werden.

Von dem Werbefachmann kann erwartet werden, daß das, was er bekannt machen soll, nach seiner Werbung von möglichst vielen der Zielgruppe gewußt wird. Tatsächlich erreicht er dies, wenn er sich von der oben formulierten Grundannahme leiten läßt.

6.2 Modell

Die Beachtung lernpsychologischer Erkenntnisse in der Werbegestaltung setzte mit der Erkenntnis ein, daß es neben der Aufmerksamkeitsweckung auf die Erinnerung der Werbebotschaft ankommt. Der Grad der Erinnerung wurde zu einem Indikator der Werbewirkung erhoben. Dabei blieb die Art des Lernvorganges zunächst unberücksichtigt: er blieb gewissermaßen als ein schwarzer Kasten zwischen Hinsehen und Sicherinnern.

Anfangs knüpfte man noch an den Erinnerungswert die Erwartung, man wisse nun etwas über die Reaktionsbereitschaft des Umworbenen. Tatsache ist jedoch, daß wir vielerlei erinnern können, ohne im entferntesten entsprechend zu reagieren. So können wir zum Beispiel die zehn Gebote erinnern, ohne daß wir uns nach ihnen richten. Vernachlässigen wir deshalb im folgenden diese zu weit reichende Hoffnung.

Bereits die Werbepsychologie der Reklamezeit untersuchte Gedächtnisleistungen. Man bediente sich der Reproduktions- und Wiedererkennungsverfahren der Gedächtnispsychologie [113]. Da es Laboratoriumsmethoden waren, eigneten sie sich nicht für repräsentative Prognosen. Sie wurden erst in der Mitte der dreißiger Jahre durch die Einführung der repräsentativen Stichprobenerhebung durch *G. Gallup* (1935) möglich. Er bezeichnete den Erinnerungswert als *Impact* und ermittelte diesen mit Hilfe einer Fragebogenmethode, die heute noch in Gebrauch ist.

Der Impact-Wert war Ausdruck eines allgemeinen Interesses an der Erinnerungswirkung der werblichen Maßnahme. Man fragte nicht nur nach der Häufigkeit und Fehlerfreiheit, mit der ein Teil der Werbebotschaft erinnert wird, sondern man interessierte sich auch für die Assoziationen, die durch die Werbung geschaffen werden [21]: Erhöht die Werbung die Wahrscheinlichkeit, mit der der Markenname zum Erzeugnis einfällt? Untersuchungen hierzu ergaben heute noch wissenswerte Erkenntnisse. Die folgende Tabelle 1 gibt einen Überblick über viele Einzeluntersuchungen; sie wurden vom Verf. zu den hier mitgeteilten Werten zusammengefaßt:

Zutreffende Assoziation	Fehlerhafte Ersatz-assoziation	Keine Assoziation	Diffusionsphase
0 %	10 %	90 %	Fachwissen
10 %	15 %	75 %	
20 %	30 %	50 %	Werbung für andere
30 %	35 %	35 %	
40 %	35 %	25 %	
50 %	31 %	19 %	Übergangsphase
60 %	25 %	15 %	
70 %	19 %	11 %	
80 %	12 %	8 %	Marke hat Werbe- und Selektionswert
90 %	4 %	6 %	
95 %	1 %	4 %	Marke wird Gattungsbezeichnung

Tab. 1: Assoziationen zwischen Markenname und Erzeugnis

Die Werte vermitteln einen Eindruck von dem assoziativen Zusammenhang zwischen Erzeugnis und Markenname. Wir sehen, daß zutreffende und keine Assoziationen sich nicht gegenseitig auf 100 % ergänzen und auch nicht linear reziprok verlaufen:

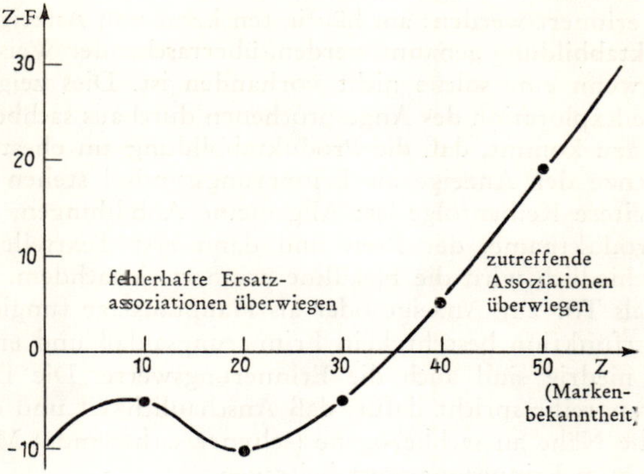

Fig. 6: Das Überwiegen zutreffender (Z) gegenüber fehlerhaften Assoziationen (F), also (Z-F) % in Abhängigkeit von der Markenbekanntheit Z %

Offensichtlich besteht die Tendenz, die Wissenslücke durch eine fehlerhafte Assoziation zu ersetzen. Dies kommt vor allem dann der Konkurrenz zugute, wenn die Assoziation von 30 bis 40 % der Bevölkerung zutreffend genannt werden kann: nämlich etwa der gleiche Anteil der Bevölkerung verfügt zur selben Zeit über fehlerhafte Ersatzassoziationen.

Über die 95 %-Grenze scheint keine Produkterinnerung hinauszugehen. U. E. wird diese Grenze durch sehr Unintelligente, nie werblich Erreichbare und alte Personen vorgegeben.

In der Spalte 4 der Tabelle 1 beziehen wir die Aneignungsphasen der Assoziation auf den Diffusionsprozeß des Produktes in der Bevölkerung; vgl. hierzu genauer Kap. 12.

Erwähnt sei noch, daß sich ein der Tabelle 1 vergleichbares Bild für den assoziativen Zusammenhang Marke—Slogan ergibt.

Mit der Benutzung des Erinnerungswertes begann man — vor allem im Bereich der Anzeigenwerbung — Erfahrungen zu sammeln, welche Teile der Werbebotschaft am besten erinnert werden. Es zeigte sich, daß die visuellen Teile am leichtesten erinnert werden: am häufigsten kann von Anzeigen die Produktabbildung genannt werden, überraschender Weise auch dann, wenn eine solche nicht vorhanden ist. Dies zeigt uns, daß die Exploration des Angesprochenen durchaus sachbezogen ist. Hinzu kommt, daß die Produktabbildung am ehesten für das Ganze der Anzeige als Erinnerungssymbol stehen kann. Die weitere Reihenfolge ist: Allgemeine Abbildungen, weiter der Produktname, der Preis und dann erst Textteile. Sehr unterschiedlich wird die Headline erinnert, jenachdem, ob sie mehr als Tor zur Anzeige oder als Hauptaussage fungiert. In der Torfunktion besteht kein Erinnerungsanlaß und entsprechend niedrig sind auch die Erinnerungswerte. Die Erinnerungsrangreihe spricht dafür, daß Anschaulichkeit und die inhaltliche Nähe an sachbezogene (seltener sachfremde) Motivationen zum Erinnerungswert beitragen.

Von besonderem Interesse ist der Einfluß von Größe und Farbigkeit der Anzeigen [119, S. 57 ff.]. Denn sie entscheiden über den finanziellen Aufwand der Anzeigenwerbung. Sehen wir uns zunächst die *Größe* von Anzeigen an: Untersuchungen zeigen, daß Größe und Erinnerungswert in etwa proportional sind (insofern die Firmen- bzw. Markenbekanntheit konstant gehalten wird). *D. Starch* [138] ging der Frage nach, in welchem Maße sich die Beachtung bzw. Erinnerung einer halbseitigen Anzeige verstärkt, wenn sie durch eine ganzseitige Anzeige ersetzt wird. Der Prozentsatz der Erinnerer der ganzseitigen Anzeige P_g ist aus dem entsprechenden Prozentsatz der halbseitigen Anzeige P_h (mit $\pm$ 0,8 %) nach folgender Formel vorhersagbar:

$$P_g = 2 \cdot P_h - 0{,}01 \cdot P_h^2$$

Auch diese Starch-Formel zeigt, daß erst bei höheren Prozentsätzen (> 10 %) eine merkliche Abweichung von der linearen Proportionalität auftritt. Das Bild ändert sich jedoch, wenn man kleine Anzeigen so häufig einschaltet, daß der Größenunterschied wieder wettgemacht wird. Dann nämlich zeigt sich eine deutliche Überlegenheit der kleinen Anzeige, wahrscheinlich aus drei Gründen: erstens vermag sich hier ein Übungseffekt bemerkbar zu machen, zweitens steigt die Betrachtungswahrscheinlichkeit und drittens dürfte sich eine erlebnismäßige Größenunabhängigkeit bemerkbar machen (in der Gestaltpsychologie als Größenkonstanz bezeichnet).

In der folgenden Tabelle 2 geht es um die Wirkung der *Farbigkeit*. Und zwar handelt es sich um ein und dieselbe Anzeige, die einmal schwarz-weiß, das andere Mal farbig gestreut wurde:

	Schwarz-weiß Anzeige	Farbige Anzeige
Es hatten die Anzeige gesehen	49 %	83 %
Davon: Schlagzeile erinnert	51 %	57 %
Bildteil erinnert	45 %	47 %
Textteile erinnert	31 %	40 %

Tab. 2: Wirkung der Farbigkeit

Während die einzelnen Prozentsätze eher die Eigenart der Anzeige wiedergeben, ist doch die größere Erinnerungswirkung der farbigen Anzeige zu erkennen. Die Erhöhung des Erinnerungswertes ist offensichtlich davon abhängig, ob die Farbigkeit den Aufforderungscharakter der Abbildung zu erhöhen vermag.

Schon sehr frühe Untersuchungen machten auf eine Gefahr der Farbigkeit aufmerksam: sie vermehrt zugleich die Sättigungsgeschwindigkeit. Während also der Erinnerungswert steigt, sinkt die Beachtungszeit. Dies erkannten bereits *Nixon* in seinen Plakat- und Anzeigenuntersuchungen und *Lysinski* in seiner Wirksamkeitsstudie des Schaufensters.

Hier seien erste kritische Worte zur Verwendung des Erinnerungswertes in der Werbeforschung eingeschoben: Nicht alle Maßnahmen einer Werbung sollen erinnert werden. Vielmehr sollen diese oft nur Mittel sein, um Symbole, Parolen, Zielvorstellungen, Namen usw. einzuprägen, Einstellungen zu ändern oder Handlungsgewohnheiten zu modifizieren. Das bloße Starren auf einen hohen Erinnerungswert verdunkelt die für den Gestalter viel wichtigere Frage: Auf welchem Wege erreiche ich eine optimale Lernwirkung?

Eine vorläufige Antwort auf diese Frage gab die Gestaltpsychologie. Sie wies nach, daß Übersichtlichkeit, Kürze und Prägnanz wichtige Eigenschaften einer gut lernbaren Nachricht sind. Diese Faktoren kann jeder Gestalter einer Anzeige berücksichtigen, unabhängig vom Werbeetat. Sie erhöhen die Resistenz der Anzeige im Wahrnehmungs- und Erinnerungsfeld gegenüber störenden Einflüssen; *B. Spiegel* spricht deshalb von der *Gestaltfestigkeit* der Anzeige [136, S. 71 ff.]. Von Vorteil ist es, daß sich diese Gestaltfestigkeit an nichtrepräsentativen Gruppen im Laboratorium direkt messen läßt.

6.3 Methoden

6.3.1 Erinnerungswert

Es gibt zwei Möglichkeiten, den Erinnerungswert zu messen. Erstens mit Hilfe einer Fragebogenmethode (sogen. *Impact-Test;* vgl. auch [60]). Etwa 450 Vpn erhalten je eine Zeitschrift, die die zu testenden Anzeigen enthält. Sie sollten möglichst eine repräsentative Stichprobe der Leser dieser Zeitschrift sein. Eine Woche später werden sie nach dem Inhalt der Zeitschrift gefragt, um zu prüfen, ob die Zeitschrift gelesen wurde. Den Lesern (n = 400) wird eine allgemeine Frage nach der Anzeigenwerbung gestellt. Der Prozentsatz derer, die nun spontan eine Anzeige erinnern, gilt als Erinnerungswert der Anzeige. Und zwar wird erwartet, daß sie mindestens ein Merkmal der Anzeige und vor allem den Namen des Werbegegenstandes nennen können. Der Erinnerungswert liegt bei ganzseitigen, mehrfarbigen Anzeigen etwa bei 5 %. Er kann mit ± 1,1 % (bei einfacher Sicherheit) hochgerechnet werden.

Meist wird die Ermittlung des Erinnerungswertes durch zusätzliche Fragen zur Anzeige ergänzt. Man fordert die Vp zu weiteren Detailerinnerungen heraus und läßt außerdem die

Anzeige bewerten. Erst wenn sicher ist, daß die Vp die Anzeige nicht spontan erinnert, gibt der Interviewer einen Hinweis (er zeigt z. B. kurz die Anzeige) und prüft so, ob sie wiedererinnert werden kann.

Eine zweite Methode bemüht sich um die Abschätzung des Erinnerungswertes auf korrelationsstatistischem Wege: *Emnid-Faktorielle-Anzeigenanalyse* [55; 56]. Diese Methode fußt auf einer faktorenanalytischen Untersuchung. Für sie wurden Anzeigen, deren Erinnerungswert (von den Emnid-Instituten) im Feld ermittelt waren, kodiert. Die Analyse erbrachte dann den statistischen Zusammenhang zwischen Anzeigenmerkmalen und Erinnerungswert (siehe genauer 11.2 u. 11.3). Die Kenntnis des Zusammenhanges ermöglichte die Erstellung eines einfachen Umrechnungsschemas. Das Schema gibt dem Gestalter die Möglichkeit, für seinen Anzeigenentwurf oder für Anzeigen der Konkurrenz mit geringem Zeitaufwand den Erinnerungswert abzuschätzen.

Die EFA führt allerdings zu einem idealisierten Erinnerungswert, der die Bekanntschaft des Werbegegenstandes sowie den Umfang der begleitenden Werbung unberücksichtigt läßt. Diese Methode leistet also nur einen Erinnerungsvergleich und liefert keine absoluten Werte. Ihre Durchführung lieferte u. a. einen Faktor „Präsentation" (Größe und Farbigkeit der Anzeige), der die Höhe des Erinnerungswertes besonders stark beeinflußt. Ob darüber hinaus Anzeigenmerkmale der Gestaltfestigkeit den Erinnerungswert determinieren, war nicht zu erkennen, da diese Merkmale nicht als Variablen der Korrelationsanalyse eingegeben wurden.

6.3.2 Wiedererinnerungswert

Andere Werbepsychologen stellten sich auf den Standpunkt, daß die Spontanerinnerung von geringer Bedeutung für die Kaufhandlung sei. Vielmehr käme es darauf an, daß im richtigen Moment, etwa im Selbstbedienungsladen, der Werbegegenstand wiedererkannt werde. Ihre Erinnerungsuntersuchungen sind in Folge dessen anders angelegt: Das den Vpn eine Woche zuvor gegebene Testheft wird ihnen erneut gezeigt. Man schlägt die interessierende Anzeige auf und fragt, ob sie sich erinnern, diese gesehen oder gar gelesen zu haben. Ist dies der Fall, wird das Heft entfernt und die Vp muß nach dieser kurzen Erinnerungsbrücke nun sagen, was sie von dieser Anzeige erinnert. Bei diesem Vorgehen ist die Gefahr recht groß, daß eine Wiedererinnerung vorgetäuscht wird. Jedoch kann die Verfälschung außerachtgelassen werden, wenn es nur auf den Vergleich konkurrierender Anzeigen ankommt.

6.3.3 Gestaltfestigkeit

Das Verfahren zur akustischen Sättigung, das *Zöllner*sche Verfahren, das torsionsstereoskopische Verfahren und das Nachbild-Verfahren sind typische Möglichkeiten zur Messung der Gestaltfestigkeit [136, S. 72 ff.]. Diese Verfahren legen der Vp einen Wahrnehmungsgegenstand (z. B. Markenzeichen) vor und prüfen, wie leicht sich die Wahrnehmungsgestalt zerstören läßt. Dies geschieht, in dem die Vorlage zunehmend mit Hilfe einer Apparatur verzerrt wird. Zum Beispiel wird durch einen längeren monotonen Betrachtungszwang bei der Vp eine starke Sättigung erzeugt, oder das Wahrnehmungsbild muß unwillkürlich aus einer flüchtigen Folge nur partiell sichtbarer Vorlagen zusammengesetzt werden. Einige Verfahren, zum Beispiel das Nachbild-Verfahren, lassen nicht nur einen Festigkeitsvergleich zwischen konkurrierenden Vorlagen zu, sondern vermitteln auch konkrete Gestaltungshinweise, um eine Vorlage in Richtung höherer Gestaltfestigkeit korrigieren zu können.

Eine Mittelstellung zwischen den Methoden zur Prüfung der Gestaltfestigkeit und den mit dem Reklame-Modell kennengelernten Methoden zur Prüfung der Auffaßbarkeit einer Nachricht nehmen solche Verfahren ein, die die *Verständlichkeit* der visuellen oder verbalen Nachricht prüfen (vgl. [143]). Sie benutzen verschiedene Indikatoren:

1. *Erratbarkeit* der Nachricht; dazu wird die Nachricht unvollständig mitgeteilt (Lückentest).

2. *Geläufigkeit* der Nachrichtenteile; es wird ein Verteilungsbild der Wörter oder der visualisierten Gegenstände an Hand eines Geläufigkeitswörterbuches [101; 152] angelegt. Für visuelle Zeichen fehlt noch ein Geläufigkeitswörterbuch.

Wir *(G. Jedermann, H.-J. Hoffmann)* sind mit unseren Studenten dabei, eine entsprechende Liste für visuelle Zeichen in (medien-typischen) Anzeigen an unserer Hochschule zu erarbeiten. Die ersten Auszählungen machen wahrscheinlich, daß außer dem Produktbild folgende Gegenstände der Häufigkeit nach geordnet in Anzeigen dargestellt sind: Frau, Mann, Hand, Kind, Essen, Fahrzeug.

3. *Komplexität* der Gestaltungselemente von Werbebotschaften; also zum Beispiel die Länge von Sätzen oder die Anzahl von Gegenständen, aus denen sich der visuelle Teil der Werbebotschaft zusammenfügt.

Die Verständlichkeitsformeln stellen einen Versuch dar, diese Indikatoren für Texte zu einer Maßzahl zu kombinieren. (Zur Anwendung der *Farr-Jenkins*-Formel auf deutsche Texte siehe genauer in [143, S. 63 ff.].)

6.4 Lerntheoretische Ergänzungen

Das Impact-Modell versuchte in seinen Anfängen, die Werbebotschaft mit der Erinnerung lediglich formal zu verbinden. Der beim Kommunikanten ablaufende Lernprozeß blieb unberücksichtigt. Es war daher mit diesem Modell anfangs nicht möglich, all diejenigen Gestaltungsbedingungen psychologisch zu durchdenken, die den Lernprozeß beim Kommunikanten stützen, hemmen oder verformen.

Eine erste korrigierende Ergänzung lernten wir mit der gestalt-psychologischen Vorstellung von der *Gestaltfestigkeit* kennen: Ihre Methode liefert Hinweise auf die Prägnanz der Gestaltung der Werbebotschaft und vermag damit zweckdienliche Gestaltungskorrekturen zu geben.

Eine weitere Annahme der Lerntheorie [33; 58] besagt, daß das *kurzfristige Nacheinander* des Angebots bestimmter Reizmuster (etwa: Produkt-Name oder: Bild der Kaufsituation-Produktname usw.) die Wahrscheinlichkeit erhöht, daß mit dem Auftreten des ersten Musters (in einer spezifischen Situation) das zweite einfällt und ausgesprochen wird. Zweierlei ist hier für die Gestaltung wichtig: wir sollten (wie im Reklame-Modell) die für die Endhandlung notwendige Reihenfolge des Nachrichtenangebots ermitteln und zweitens sollten wir prüfen, ob sich diese Reihenfolge in dem Lernen des Kommuniques realisiert. Wir müssen dabei beachten, daß bei unbeabsichtigtem, beiläufigem Lernen das erste angebotene Element eines Kommuniques (oft die Headline!) eine geringere Lernchance hat. Außerdem besteht bei diesem beiläufigen Lernen die Tendenz, umgekehrt zur Darbietungsfolge die Nachrichtenteile zu reproduzieren (sogen. recency-effect), während ja beim beabsichtigtem Lernen die Darbietungsfolge mit der Reproduktionsfolge übereinstimmt.

Dann: jedes Lernen ist *mehrfach motiviert.* Erstens wird nur dann gelernt, wenn der Angesprochene zum Lernen motiviert ist. Zweitens muß die Nachricht für ihn einen *Informationsgewinn* darstellen. Dieser in Begleitung oder in der Folge der Nachricht auftretende Informationsgewinn bedingt eine motivationale Spannungsänderung (Verstärkung). Erst dies erhöht die Wahrscheinlichkeit einer spontanen Reproduzierbarkeit der Nachricht. Es ist übrigens ohne Belang, ob z. B. der notwendige Spannungszustand vorangehend künstlich, etwa durch eine entsprechende visuelle Gestaltung, geschaffen wird oder ob es Erwartungen der Bezugsgruppe sind, die das Spannungsniveau definieren. Der anschließende Informationsgewinn kann in der Werbung nur sehr selten durch eine „Belohnung" ersetzt werden. Bestätigende Reaktionen verstärken wohl das Lernresultat, setzen aber bereits eine lernende Aktivität voraus.

Häufig werden Werbenachrichten im Zusammenhang mit Personen gesendet (*Vorbildwerbung*). Man hofft dabei auf eine Identifikation oder gar Übertragung. Sie sollen die Wahrscheinlichkeit erhöhen, daß Nachrichtenteile (Gedanke, Bild, Bezeichnung o. a.) als pars pro toto verinnerlicht werden. Immer aber setzt diese Art des Lernanstoßes voraus, daß es einen ungelösten Konflikt gibt, zu dessen Lösung der Kommunikant Vorbilder sucht. Das dann vorgeführte Vorbild darf nicht starr sein, sondern seine Aktionen müssen beobachtbar sein. Dies sind Voraussetzungen, die werbliche „Vorbilder" nur sehr selten erfüllen (vgl. 10.3).

Vor allem Texter vertreten die Auffassung, daß ein Miterleben von *Argumentationssequenzen* die Folgerungen einsichtig lernen läßt. Nichts spricht dafür, solange der Lernende noch nicht den Werbegegenstand adoptiert. Wohl kann er bei fehlender Lernmotivation zum latenten Lernen kommen und auch die Art des Argumentierens kann gelernt werden, nicht aber die begleitenden Inhalte. Hierzu wäre eine die Informationsaufnahme unterstützende Motivation, ein motiviertes Üben oder der Eindruck notwendig, man sei selbst zu dieser Folgerung gekommen. Einsichtiges Lernen läßt sich in der Werbung noch schwerer als Vorbildlernen verwirklichen.

Folgen wir der *Sapir-Whorf*-Hypothese — sie nimmt an, daß der Mensch vorwiegend das wahrnimmt und denkt, wofür ihm seine Sprache Benennungen und Begriffe liefert —, so ergibt sich ein allerdings außerordentlich zeitraubender Ausweg: nämlich das Lernenlassen eines neuen Vokabulars. Dieses muß so geschickt angelegt sein, daß es später bestimmte Denkrichtungen wahrscheinlicher macht. Diese Methode ist vermutlich nur im weltanschaulich-politischen Bereich realisierbar und dies auch nur, wenn der Kommunikant von anderen sprachlichen Einflüssen gewaltsam ferngehalten werden kann.

Schließlich sei erwähnt, daß mit dem Impact-Modell häufig die Kauf- oder Wahlsituation vergessen wird. Eine Aufgabe der Werbung ist es aber, die gedankliche Verbindung zur Endhandlung herzustellen. Die Kenntnis eines Gegenstandes, eines Argumentes, eines Namens garantiert erstens kein Zustandekommen der Endhandlung und zweitens keine entsprechende Erinnerung im Moment der Endhandlung. Statt Assoziationen zwischen Produkt und Slogan oder zwischen Werbemelodie und Name zu schaffen, wäre es eine wichtigere Aufgabe, in der Werbebotschaft die Situation der Endhandlung dergestalt vorwegzunehmen, daß in ihr der Produktname mit erhöhter Wahrscheinlichkeit einfällt.

Obwohl wir hier nur sehr oberflächlich auf ein paar Konsequenzen der Anwendung der psychologischen Lerntheorie hinweisen konnten, ist wohl doch deutlich geworden, wie wichtig es wäre, das Impact-Modell durch weiterreichende lerntheoretische Erkenntnisse zu ergänzen [3; 41; 126]. Auch das so verbesserte Impact-Modell müßte wie das Zuwendungsmodell zu einem mathematisierten (!) Teilstück eines umfassenderen

Modells der Werbebeeinflussung werden: dem Adoptionsmodell (Kap. 12). Einen Anfang hierzu bilden die sogn. Response-Funktionen von Anzeigen-Kampagnen [22] (vgl. auch 12.2.1).

7. EINSTELLUNGSMODELL

7.1 Grundannahme

Der Verbraucher trifft seine Entscheidung gemäß der bewertenden Einstellung, die er zum Wahlgegenstand hat. Es kommt in der Werbung also allein auf die Änderung der Einstellung zugunsten des Gegenstandes an.

Gegenüber den voran besprochenen Modellen ist in dieser Grundannahme erstmalig der Werbegegenstand kein objektives Gebilde mehr, sondern ein bewertetes subjektives Erlebnis. Er ist zu etwas geworden, das man gut oder schlecht heißen kann. Die Person ist wichtig geworden, eben mit ihren Einstellungen und den dahinter stehenden Haltungen. Das durch Werbung ausgelöste Lernen ist nicht ein bloßes Speichern von Namen und Aussagen, sondern ein Ändern gefühlsmäßiger Reaktionen.

Diese Grundannahme ist für den an Werbung wissenschaftlich Interessierten recht verführerisch: Er findet einen durch Meßvorgänge sauber kontrollierbaren Gegenstand von einiger psychologischer Relevanz. Es steht genau fest, was Werbung erreichen soll. Die so festgelegte Art der Werbung ist im Laboratorium leicht simulierbar. Der Gegenstand hat offensichtlich einen sozialen Bezug, was aktuellen Forschungsinteressen stark entspricht. Wir betreten hier den Raum der sozialpsychologischen Persuasionsforschung. Es ist deshalb kein Zufall, daß gerade von ihr die meisten wissenschaftlichen Aussagen über Beeinflussung und Beeinflußbarkeit kommen (vgl. Kap. 2 und 3).

Aber für den Werbefachmann ist diese Grundannahme enttäuschend. Er will Texte formulieren, visuelle Ansprachen organisieren, Medien auswählen. Der Hinweis auf eine spezielle Einstellung und ihre Intensität gibt ihm keinen mobilisierenden Anstoß für seine Fantasie. Er muß viel hinzutun und recht barock seinem Auftraggeber gegenüber argumentieren, will er seine zusätzlichen Einfälle noch mit den Einstellungsdaten in Deckung bringen. Dennoch oder gerade deshalb meinen wir, daß es sich um eine diskussionswerte Grundannahme handelt.

7.2 Modell

7.2.1 Öffentliche Meinungen und Einstellungen

1. *Öffentliche Meinung.* Nach *P. R. Hofstätter* [67] ist die Überzeugungsstärke einer Nachricht eine Funktion der herrschenden Ungewißheit. Man könnte auch reziprok formulieren: die Evidenz einer Nachricht ist eine Funktion von Erfahrungsgewißheit, Folgerichtigkeit und Anschaulichkeit. Somit erweist sich der Grad der Ungewißheit als ein Motiv. Ungewißheit motiviert die Übernahme beruhigender Vorstellungen und bildet so die Ausbreitungsursache vieler öffentlicher Meinungen.

Öffentliche Meinungen lassen sich auf zweierlei Weise charakterisieren: ihrem Inhalt und ihrer Intensität nach. Demgemäß ist eine öffentliche Meinung die Intensitätsverteilung einer formelhaften Antwort auf eine entsprechende Ungewißheit in der Bevölkerung. Meist handelt es sich um zweigipflige Verteilungen, in denen das „Bestimmt" und das „Sicher nicht" stärker vertreten sind, als die Ungewißheitsreaktionen, wie z. B. „weiß nicht".

Jede öffentliche Meinung läßt sich einer oder mehrerer folgender, nicht sauber gegeneinander abgrenzbarer Kategorien zuordnen:

Überbetonte, generalisierte Einzelerfahrungen (Studenten sind Anarchisten, Sterne sagen wahr, Reklame lügt);

Eigenes Verhalten oder Unterlassen rechtfertigende Vorstellungen (alles liegt in Gottes Hand, Männer sind wie Tiere, Kinder bedürfen einer strengen Führung);

Aus Weltanschauungen abgeleitete Vorurteile (Christen sind ..., Kommunisten sind ..., Kapitalisten sind ...) und recht selten

Prüfbares Wissen.

Jede öffentliche Meinung gehört zu der Vorstellungswelt einer bestimmten Gruppe. Sie kann nie benutzt werden, um das tatsächliche Verhalten der Gruppe zu prognostizieren. Sie verweist immer nur auf den Raum des Urteilens, des Rechtfertigens, der Befürchtungen und eventuell auch der Interessen. Zum Teil charakterisieren öffentliche Meinungen das Denken und Urteilen der Gruppe. So finden wir etwa bei älteren Menschen, daß sie stärker an die Allgemeingültigkeit ihrer Ansichten glauben. Oder jüngere Menschen überschätzen leicht die Originalität ihrer Gedanken.

Der Inhalt öffentlicher Meinungen umfaßt immer dreierlei:

Wertungen (sogen. Einstellungen)

Überprägnante Vorstellungen (sogen. Stereotype)

Gefühlsmäßige Einschätzungen (sogen. Images).

Wenden wir uns gemäß der Grundannahme zunächst allein den Wertungen zu:

2. *Einstellungen.* Als Einstellung (oder Attitüde) bezeichnet man Richtung und Intensität *einer* in einer öffentlichen Meinung zum Ausdruck gebrachten Wertung; oder genauer: einer Dimension dieser Wertung. Ihre bekanntesten Meßwerkzeuge sind die Skalen von *Bogardus, Thurstone, Likert* und *Guttman.* Aber auch Alternativen, projektive Skalen oder sogen. Einkaufslisten (*Haire*) dienen der Einstellungsmessung (siehe genauer Abschnitt 7.3: Methoden).

Ihrer Richtung und Intensität nach übereinstimmende Einstellungen können sich in anderer Hinsicht sehr unterscheiden. Gleiche Einstellungen können verschieden entstanden sein; sie können sehr verschieden starke Änderungstendenzen zeigen; sie können sehr unterschiedliche Zeiträume überdauern (evtl. gerade nur das Interview); gleiche Einstellungen können sehr unterschiedlichen Graden an Informiertheit entsprechen und infolge dessen sehr unterschiedlich strukturiert sein; sie können sehr unterschiedlich gegen andere Einstellungen isoliert oder mit ihnen verbunden sein; und sie können schließlich in sehr verschiedene Handlungsbezüge einschießen. Dies alles zeigt wiederum auf das deutlichste, daß die alleinige Kenntnis einer Einstellung keine Handlungsprognose ermöglicht (siehe weiter 7.4).

Sehen wir uns die unterschiedlichen Entstehungsbedingungen und Handlungswirkungen ein wenig genauer an [42] (vgl. Kap. 3):

3. *Einstellung und Wahrnehmung.* Menschen wenden sich in einem gegebenen Feld den Sachverhalten mit unterschiedlich wertenden Erwartungen zu. Die in der Gruppe übereinstimmenden Anteile jener wertenden Erwartungen sind identisch mit den in öffentlichen Meinungen vorgefundenen Einstellungen.

Die durchschnittliche Länge und Art der Zuwendung zu einem Kommuniqué, aber auch was der ankommenden Nachricht entnommen wird, korreliert mit den Einstellungen. Handelt es sich nur um eine sehr kurze Zuwendung (etwa durch die aufdringliche Gestaltung erzwungen), so werden nur grobe, stereotypisierte Teile des Kommuniqués behalten. Eine anhaltende Zuwendung zum Kommuniqué ist dagegen abhängig von einem Sichtreffen und Zusammenpassen der Einstellungen des Kommunikanten mit dem Inhalt der Nachricht. Die wertende Tendenz des Inhalts muß also den Einstellungen des Empfängers entgegenkommen.

Dabei ist es von großer Wichtigkeit, diejenigen Einstellungen, die der Angesprochene zu sich selbst und zu seinem Aktionsfeld hat, zu beachten. Weiter wird die Zuwendung zum Kommuniqué von der Trieb- und Antriebslage, den Gefühlszuständlichkeiten und sonstigen Bedürfnisspannungen mitbestimmt. Eine besondere Stellung nehmen in der Zuwendungsmotivation Hemmungen und andere Vermeidungseinstellungen ein. Solchen Einstellungen, die die Zuwendung zu einer Nachricht behindern, sollte in der vorbereitenden

Marktforschung besondere Aufmerksamkeit gewidmet werden (vgl. 10.2). Umgekehrt erhöht die Bekanntheit eines Objektes seine Wahrnehmung. Allerdings kann auch ein Objekt einen so hohen Grad an geläufiger, selbstverständlicher Bekanntheit annehmen, daß der Kommunikant seine Existenz nicht besonders kontrolliert, also nicht auffaßt.

Alle die bisher genannten Wahrnehmungsbedingungen: Selbsteinschätzung, Umfeldbewertung, Triebe, Antriebe, Hemmungen, Vermeidungseinstellungen, Bekanntheit bedeuten nicht nur eine Verstärkung der Zuwendung zur Werbebotschaft, sondern gleichzeitig sind es immer auch subjektive Bedingungen der Verkennung. Es gibt nun eine Reihe weiterer Faktoren, die eine solche Verkennungswahrscheinlichkeit erhöhen. Hierzu gehört vor allem eine gewisse Mehrdeutigkeit der Werbebotschaft (abstrakte, stark verallgemeinernde Formulierungen und Visualisierungen, Informationslücken u. a.), dann frühere Erfahrungen, die man mit dem Sachbereich gemacht hat. Ein typisches Beispiel hierfür sind etwa die Schwierigkeiten der Einführung neuer Methoden durch Betriebspsychologen. In solchen Fällen gilt es, vor allem ein neues, gemeinsames Bezugsschema (Begriffe) zu schaffen (vgl. 6.4). Oft wird man auch klärend in die Vorstellungen eingreifen müssen, die der eine vom anderen hat. Schließlich sei noch die Wertigkeit des Gegenstandes erwähnt, die ihm noch von früheren Ereignissen anhaftet (sogen. Akzentuierung). Je subjektiv oder auch normativ wertvoller (bedürfnisweckender) ein Objekt erlebt wird, desto intensiver wirkt der Einfluß eines Gestaltdruckes in Richtung auf Größe, Gewichtigkeit, Schönheit o. a.

4. *Einstellung und Verhalten.* In inneren und äußeren Krisenzeiten sind Menschen für deutende Einstellungen bzw. Einstellungssysteme (Sündenbock, Ideologie) besonders empfänglich. Diese in jenen Zeiten gewonnenen Einstellungen bleiben später außerordentlich stabil, weil sie einmal eine Krise bewältigen halfen.

Informelle Gruppen haben meist einstellungsmäßige Aufnahmebedingungen (Bekenntnis, Konformität). Sie müssen um so stärker betont und bewiesen werden, je selbstunsicherer die Gruppe im gesamtgesellschaftlichen Gefüge steht. Sie dienen also dem einzelnen Mitglied als Ich-Verteidigung (auch Ausdruck von Aggressionen und ihren Rationalisierungen wie z. B. in der Verminderung kognitiver Dissonanzen (*Festinger* [32])).

So können Einstellungen über ihre bloße Such- und Auswahlfunktion (Detektion und Selektion) hinausgehen und gemeinsam mit einer (sozialen) Motivation Verhalten einleiten. Es ist für den Werbepsychologen deshalb von Interesse, einen Enkodierungsschlüssel für solche Werbebotschaften zu haben, die über eine Einstellungsbeeinflussung eine Verhaltensänderung anzielen. Einen Beitrag zu dieser Frage lieferte bereits 1939 das Institut für Propagandaanalyse (*A. M.* und *E. B. Lee*). Sie wiesen auf sieben Propagandakriffe hin, die bei der Entzerrung eines Kommuniqués beachtet werden müssen (siehe 2.1).

7.2.2 Einstellung als intervenierende Variable

Das Einstellungsmodell ist in der Herstellung von Werbung in zweifacher Weise anwendbar: einmal als bloße Beschreibung der Thematik, Richtung und Intensität derjenigen Einstellungen, die es werblich zu beeinflussen gilt. Diese Anwendung erschöpft sich praktisch mit der kontrollierenden Messung der interessierenden Einstellungen mit entsprechenden Skalen.

Zweitens schaut man über die Einstellungen hinaus und versucht sie als ein Vehikel der *indirekten Hochrechnung* zu benutzen. Das bedeutet für das Einstellungsmodell, daß man trotz der Verwendung von Einstellungen nicht an ihnen, sondern an der Endhandlung, an dem Entscheidungs- bzw. Adoptionsverhalten der Ansprechgruppe interessiert ist. Dieses ließe sich natürlich direkt prognostizieren, indem in einer repräsentativen Stichprobenuntersuchung die zu treffende Entscheidung fiktiv vorweggenommen wird [57]. Doch setzt dies voraus, daß eine möglichst große Ähnlichkeit zwischen dem fiktiven und der späteren tatsächlichen Endhandlung besteht. Bei der Vorhersage einer politischen Wahl ist die Ähnlichkeit recht groß (deshalb auch ein Paradepferd der Marktforschungsinstitute). Andere Adoptionsvorgänge (z. B. der Besuch eines Theaterstückes, der Kauf eines Produktes) lassen sich merklich schlechter simulieren. Deshalb ist hier der Gedanke naheliegend, Einstellungen als intervenierende Variable zu benutzen.

Statt also in einer Stichprobe das Entscheidungsverhalten zu untersuchen, erfaßt man repräsentativ die Einstellungen zu den Wahlgegenständen, zwischen denen die Entscheidung später getroffen werden soll; das könnten im konkreten Fall Parteien, Medikamente, Meinungen zu einem sozialen Problem oder anderes sein. Auf die gemessenen Einstellungen wendet man sodann ein Umrechnungsverfahren an, daß die Einstellungswerte in Prozentwerte verwandelt, mit denen voraussichtlich die Ansprechgruppe sich für die eine oder andere Alternative entscheiden wird:

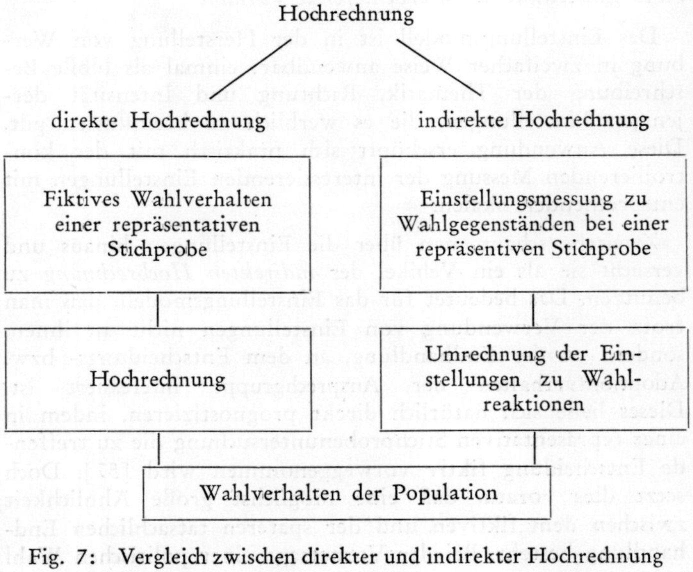

Fig. 7: Vergleich zwischen direkter und indirekter Hochrechnung

Das problematische Kernstück der indirekten Hochrechnung ist die Umrechnung der Einstellungen zu Wahlreaktionen: Ausgang der Umrechnung ist prinzipiell eine faktorielle Einstellungsmatrix E_{ij}. Sie soll in eine eindimensionale Matrix von Prozentwerten P_i umgerechnet werden:

	N Einstellungen		Wahlprozent
	E11 E12 . . . . E1N		P1
	E21 E22 . . . . E2N		P2
M Wahlgegenstände	. . .	→	.
	. . .		.
	. . .		.
	EM1 EM2 . . . . . . EMN		PM

Nehmen wir an, wir hätten keinerlei Informationen, so wäre es das Zweckmäßigste, eine Gleichverteilung der Prozentwerte anzunehmen:

$$P_i = 100/M$$

Aber die unterschiedlichen Einstellungen sprechen dagegen. Deshalb bedarf P_i einer Korrektur durch die Einstellungsdimensionen. Für jede einzelne Einstellungsdimension muß diese Korrektur gesondert durchgeführt werden. Sie kann unserer Erfahrung nach auf sehr anspruchslose Weise nach folgender Formel vorgenommen werden:

$$P_i = (100/M) + (E_i \cdot s/2)$$

Hierin ist vorausgesetzt, daß E_i Werte zwischen — 1 und + 1 annimmt; da Prozentwerte nur zwischen 0 und 100 liegen, ist der Korrekturwert halbiert. Das Streuungsmaß s für den Prozentwert der Gleichverteilung sorgt schließlich dafür, daß die endgültigen Werte im Intervall der wahrscheinlichsten Variation verbleiben. Die Formel läßt sich auch schreiben:

$$P_i = 100/M \ (1 + \sqrt{M - 1} \cdot E/2)$$

Eine wesentlich anspruchsvollere Korrektur wird von *C. Möbus* und *H.-J. Ahrens* vorgeschlagen [104]: Ihr *„multi-*

variates Prognosemodell für soziale Wahlen" kombiniert jeweils zwei Einstellungsdimensionen miteinander und wendet hierauf ein wirtschaftswissenschaftliches Entscheidungsmodell an (vgl. [38]). Die den Einstellungen entsprechenden Bewertungen werden als Nutzen interpretiert und es wird angenommen, daß trotz der faktoriellen Orthogonalität der Einstellungen, diese hinsichtlich ihres Nutzens vergleichbar seien. Der Wähler bzw. Konsument versuche prinzipiell den gewonnenen Nutzen zu maximieren (*Bayes*-Regel). Obwohl die Indifferenzkurven durch Geraden approximiert werden, verbleibt ein recht aufwendiger Umrechnungsvorgang.

7.3 Methoden

7.3.1 Direkte Einstellungsmessung

Die direkten Einstellungsskalen [149] sind aus einer Vereinfachung der Methode des Paarvergleichs hervorgegangen. Die einfachste Methode Einstellungen zu messen, geht auf *S. F. Chapin* (1928) und *E. Bogardus* (1933) zurück. Ihre Skalen bzw. die ihnen später nachkonstruierten sogen. *Bogardus-Skalen* sind willkürlich vom Forscher erdachte Skalen. Sie legen den Vpn eine Reihe von Sätzen vor, die mögliche Grade einer Einstellungsdimension von extrem negativ über neutral bis extrem positiv ausdrücken. Die Vp sucht den ihrem Einstellungsgrad am besten entsprechenden Satz heraus. Die Rangposition ihres Satzes kann dann als Meßgröße dienen.

L. L. Thurstone entwickelte dagegen (ab 1927) seine Methode der gleich erscheinenden Intervalle, die wohl wesentlich aufwendiger aber wissenschaftlich befriedigender ist. Die *Thurstone-Skala* weist gegenüber ihrer Vorgängerin wichtige Verbesserungen auf. Während die Bogardus-Skala noch nicht einmal den Wert einer Rangskala hat, sorgt *Thurstone* in einem (neutralen) Vorversuch (n = 200) für eine repräsentative Einstufung der Sätze auf einer Skala von — 10 bis + 10:

Satz 3
„x reagiert unangemessen aggressiv“
Gewichtszahl: — 1,9
zu starke Streuung!

Satz 8
„x ist ein glänzender Redner“
Gewichtszahl: + 6,8

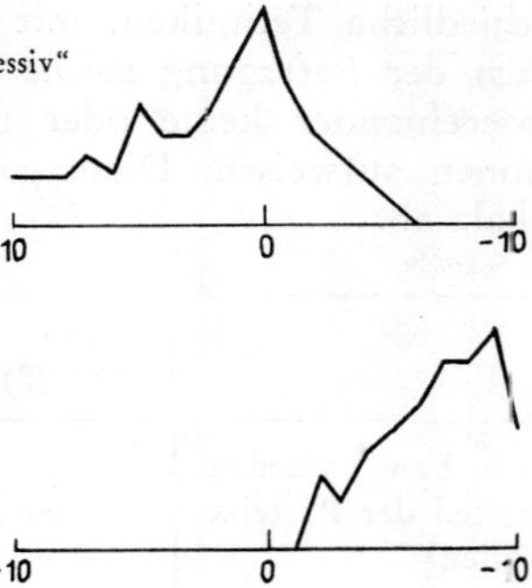

Fig. 8: Ausschnitt aus dem Ergebnis eines Vorversuchs zur Herstellung einer Thurstone-Skala (n = 200)

Durch den Vorversuch entsteht eine Intervallskala, aus der übereinstimmende und stark streuende Sätze eliminiert sind. Die Dimensionsproblematik, daß nämlich mehrere Einstellungen zugleich gemessen werden, beseitigte *Thurstone* später durch den Einsatz seiner Faktorenanalyse.

Ganz anders ging *R. Likert* in seiner Methode der Wertaddition vor (1932): In dieser sogenannten *Likert-Skala* wird jede(r) Einstellung(sgrad) durch gleichwertige Behauptungen repräsentiert. Zu jeder Behauptung kann die Vp auf einer Zahlenreihe von — 3 bis + 3 mit starker Ablehnung bis starker Zustimmung reagieren. Nur gewählte Zahlen von korrelierenden Behauptungen (Eindimensionalität!) werden sodann addiert. Schließlich kommen nur solche Behauptungen in die Endauswertung, die eine signifikante Gruppentrennung aufweisen.

Die Skalenanalyse von *Guttman* (1942) ist primär an der Erstellung einer eindimensionalen Skala interessiert. Diese in der Marktforschung häufiger angewandte *Guttman-Skala* geht von einer Gruppe von Sätzen aus, die gleichmäßig die möglichen Einstellungsgrade in einer Bewertungsrichtung abdecken und vor allem nur ja-nein-Reaktionen zulassen. Es gibt unterschiedliche Techniken, mit denen man erreichen kann, daß nach der Befragung solche Sätze herausgesucht werden, die untereinander keine oder nur wenige widersprüchliche Reaktionen aufweisen. Diese geben dann erst die auswertbare Skala ab.

	Reaktionstypen							
	(1)	(2)	(3)	(4)	(5)	(6)	(7)	(8)
Sind sie bzw. würden sie Mitglied der Partei x sein wollen?	ja	nein	nein	nein	ja	ja	ja	nein
Sollte die Partei x Regierungspartei sein?	ja	ja	nein	nein	nein	ja	nein	ja
Würden sie evtl. die Partei x bei einer Wahl unterstützen?	ja	ja	ja	nein	ja	nein	nein	nein

Fig. 9: Guttman-Skala

Die Reaktionstypen (1) bis (4) repräsentieren eine kontinuierliche, eindimensionale Skala. Auf sie müssen mindestens 90 % aller Reaktionen entfallen, damit die Skala als eindimensional akzeptiert werden kann.

Schließlich sei auf die *Methode der Skalenunterscheidung* von *A. L. Edwards* und *F. P. Kilpatrick* (1948) aufmerksam gemacht. Sie vereinigt die Vorteile mehrerer Skalen miteinander, ist aber außerordentlich aufwendig. Sie vollzieht die Herstellung der Einstellungsskala und zugleich die Einstellungsuntersuchung in drei Schritten: Zunächst werden in offenen Interviews Aussagen zu dem Einstellungsbereich gesammelt und diese wie im Vorversuch bei *Thurstone* eingestuft (Gewichtszahlenfindung). In einem zweiten Untersuchungsschritt werden gemäß der Ergebnisse wenige Aussagen ausgesucht und diese auf ihre Stimmigkeit mit Hilfe des Verfahrens von *Likert* überprüft (Dimensionalitätsprüfung).

Schließlich kontrollieren sie die endgültige Skala auf Zuverlässigkeit und Reproduzierbarkeit nach dem *Guttman*schen Verfahren.

Es sind in den letzten zwanzig Jahren eine ganze Reihe weiterer mathematisch recht anspruchsvoller Skalentechniken entwickelt worden. Sie sind jedoch für den werbepsychologischen Bereich zu zeitaufwendig. Ein Verfahren muß rasch mit geringen Kosten über große Gruppen Auskunft geben können und kurze Zeit später bereits Erfolgskontrollen zulassen. Hinzu kommt, daß die Ausgeklügeltheit dieser Verfahren in keinem Verhältnis steht zu der Grobheit, mit der man heute noch Marktforschungsergebnisse in Werbebotschaften übersetzt (Transformationsproblem) (Siehe weiter in [4] oder [100]).

7.3.2 Indirekte Einstellungsmessung

Für viele werbliche Probleme kann man nicht erwarten, daß die Auskunftspersonen bewußt und selbstkritisch ihre Einstellungen einstufen. Oft ist es gerade das entscheidende werbliche Anliegen, eine Einstellung zu ändern, die als natürlich, angeboren o. a. dem bewußt kontrollierenden Selbstverständnis entzogen ist. In solchen Fällen kann der Werbepsychologe nicht allzusehr auf Probleme wie Nullpunktbestimmung oder Eindimensionalität achten. Statt dessen begnügt er sich mit Verfahren, die globalere, ungenauere Informationen liefern. Wichtig ist ihm statt dessen, daß die Auskunftsperson möglichst im unklaren darüber bleibt, worüber sie tatsächlich Auskunft gibt.

Ein typisches Verfahren dieser Art orientiert sich an den Strichköpfen von *E. Brunswik* und *L. Reiter*. Diese schematischen Köpfe variieren im Augenabstand, Augenhöhe, Nasenlänge und Mundbreite:

Fig. 10: Schematische Köpfe zur indirekten Einstellungsmessung

Die Untersuchung vollzieht sich an zwei getrennten aber repräsentativen und strukturgleichen Gruppen. Die erste Stichprobengruppe beurteilt die Köpfe nach Alter, Geschlecht, Einkommen, verschiedenen Persönlichkeitseigenschaften und Sympathie. Die zweite Stichprobe dagegen sagt, wer der typische Verwender des Produktes X oder Wähler der Partei Y ist. Auf diese Weise bekommt der Psychologe wichtige Informationen über die Einstellung (bzw. über Stereotypen und Images) der Personengruppe zu dem befragten Gegenstand.

Es bleibt dem Einfallsreichtum des Untersuchers überlassen, sich zu dem jeweiligen Problem ein möglichst aufschlußreiches indirektes Verfahren auszudenken. Beliebte Vorbilder hierzu sind die projektiven Testverfahren der Motivforschung (vgl. 9.3.5). Ihnen entsprechend läßt man Bilder zuordnen [25], bietet mehrdeutige Fotos an, unvollständige Sätze, noch auszufüllende Sprechblasenbilder, polare Statements (die jeweils gleich weit von der Wahrheit entfernt sind) u. a. m. Ob man mit diesen Vorkehrungen vorrangig Einstellungen erfaßt, ist umstritten; für den Werbefachmann handelt es sich hierbei aber mehr um ein akademisches Problem.

7.3.3 Tendenzmaße

Für viele werbliche Probleme braucht eine bestimmte Einstellung nicht sauber analysiert und beschrieben zu werden. Es reicht aus, die Tendenz zu erfassen, die in einer öffentlichen Meinung zum Ausdruck kommt. Die ersten methodischen Anregungen hierzu gab *P. R. Hofstätter.* Heute sind vier Maße im Gebrauch [57, S. 215 ff.]. Sie gehen alle davon aus, daß sich öffentliche Meinungen über die drei Stellungnahmen ja (P_+), nein (P_-), keine Meinung (P_0) prozentual verteilen.

Das *Majoritätsmaß* (MA) gibt an, in welcher Stärke die öffentliche Meinung zu ja oder nein neigt. Es kann Werte von + 100 bis — 100 annehmen:

$$MA = \frac{(P_+ + P_-) \cdot (P_+ - P_-)}{100}$$

Das *Ambitendenzmaß* (A) sagt uns, wie widersprüchlich die Mitglieder einer Gruppe zu dem Meinungsgegenstand Stellung nehmen. Unter bestimmten Voraussetzungen kann A auch die Aktualität widerspiegeln, die die Meinung in der Gruppe hat. Man sollte aber mit dieser Deutung vorsichtig sein:

$$A = \sqrt{P_+ \cdot P_-} / P_0$$

Als *Konvergenzmaß* ($\bar{A}$) ist der reziproke Wert des Ambitendenzmaßes geeignet. Dieses Maß zeigt uns, wie stark die Gruppe dazu neigt, neutral zu reagieren: sie zieht es vor, „weiß nicht", „keine Meinung" zu sagen:

$$\bar{A} = P_0 / \sqrt{P_+ \cdot P_-}$$

Schließlich ist noch das *Konformitätsmaß* (K) zu nennen, mit dem errechnet werden kann, wie übereinstimmend die Gruppenmitglieder reagieren:

$$K = \frac{\sqrt{3}}{\sqrt{3}-1} \cdot \left(\sqrt{P_+^2 + P_-^2 + P_0^2} - \frac{100}{\sqrt{3}}\right)$$

7.3.4 Experimentelle Messung der Einstellungsbeeinflussung

Den Werbefachmann interessiert die bloße Einstellungsmessung oft nur gering. Er wünscht vielmehr zu wissen, welches von zwei Argumenten oder von zwei Anzeigenentwürfen die stärkere einstellungsändernde Wirkung hat. Naheliegend ist die Einbringung der Argumente oder der Anzeigen unter irgendeinem Vorwand in eine Fragebogenuntersuchung. Man kann nun ihre Auswirkung auf nachgestellte (einstellungsmessende) Fragen prüfen. Entweder im Vergleich zu vorangegangenen Fragen oder zu Fragen in einer zweiten repräsentativen Stichprobe zeigt sich meist ein Verschiebung der Prozentwerte (vgl. den verwandten Indikator Zugkraft S. 19; [129; 156]). Es ist außerordentlich schwierig, diesen Verschiebungseffekt von Scheinkorrelationen freizuhalten (evtl. durch partielle Korrelationen), sowie seine Validität abzuschätzen. Hinzu kommt oft die recht oberflächliche Erfassung der Einstellungen. Dennoch ist dieses Verfahren durch seine Einfachheit und rasche Durchführbarkeit bestechend.

Eine andere bekannte Vorgehensweise begegnet uns exemplarisch im *Schwerin-Test*. Er beruht im Prinzip darauf, daß eine größere Gruppe von Personen in ein Filmtheater eingeladen wird. Dort wählen sie für eine spätere Verlosung aus einer Liste ein paar gewünschte Produkte. Anschließend wird ein Film und vor allem die interessierenden Spots vorgeführt. Danach läßt man noch einmal die Wunschliste ankreuzen. Auf diese Weise erhält man eine Reihe von Werten: erstens die competitive preference als Differenz zwischen dem anfänglichen und dem nachträglichen prozentualen Anteil der Wähler; zweitens die relative competitive preference als Differenz zwischen der competitive preference und der mittleren competitive preference aller bedeutenden Marken des interessierenden Produktsektors; drittens das momentum als Differenz zwischen dem nachträglichen und dem tatsächlichen prozentualen Wähleranteil. Die Veränderung des Kaufanteils (nach vier Monaten) soll befriedigend mit den beiden letztgenannten Maßen korrelieren [79].

7.4 Handlungsunabhängigkeit und Eindimensionalität als Mängel des Einstellungsmodells

Während die Benutzer der voran besprochenen Modelle selten einen Anspruch darauf erheben, eine Werbewirkung zu prognostizieren, die bis zur Endhandlung (Wahl, Kauf) reicht, glauben die Benutzer des Einstellungsmodells an eine derart weite Tragfähigkeit ihres Modells. Gewiß erfassen sie einen kleinen Ausschnitt aus dem Werbebeeinflussungsprozeß recht genau, doch ist er nicht umfassender und schon gar nicht handlungsrelevanter als die Beachtung oder Erinnerung der Werbebotschaft. Sie überschätzen offensichtlich die Handlungsnähe von Einstellungen. Alle diesbezüglichen Untersuchungen haben aber deutlich gezeigt, daß Einstellungen recht genau wiedergeben, wie man über sich, seine Gruppe und seine Handlungen spricht, nicht dagegen wie man sich in der konkreten Situation tatsächlich entscheidet. Die Handlung kann der Einstellung genau entgegengesetzt sein.

Die Annahme ist auch unempirisch, daß Menschen bei ihren Entscheidungen die Alternativen auf je einer Einstellungsdimension vergleichen. Vielmehr sind es verschiedene Einstellungen, die zugleich das emotionale Entscheidungshalo der einzelnen Alternative ausmachen. Dies hat zur Folge, daß es nicht möglich ist, an Hand einer Einstellungsmatrix die Wahlneigung direkt zu bestimmen. Vielmehr wäre eine zwischengeschaltete Matrix erforderlich, die die Wahlrelevanz der Einstellungsdimensionen für die einzelnen Alternativen festlegt. Unseres Wissens gibt es zur Zeit keine Methode, die die Erstellung einer solchen Matrix leistet.

Sodann ist die notwendige Zahl der Dimensionen ein Problem. In Marktforschungsstudien findet man immer wieder, daß man sich mit der Kontrolle von ein, zwei Einstellungen begnügt. Es bedarf keiner besonderen Ausführungen, um die Unzulänglichkeit einer so kleinen Anzahl zu begründen. Aber auch bei einem umfassenderen Vorgehen und einer faktorenanalytischen Herausarbeitung der Einstellungsdimensionen bleiben einige Alternativen unzureichend beschrieben. Wahrscheinlich müßten in einer solchen Modell-Untersuchung fiktive Alternativen aufgenommen werden, so daß zu jeder tatsächlichen Alternative einige ähnliche andere existieren. Damit würde die Chance steigen, jeweils relevante Dimensionen auf faktorenanalytischem Wege zu erhalten.

Zusammenfassend können wir sagen, daß das Einstellungsmodell nicht den ganzen aber ein wichtiges Stück des Adoptionsvorganges eines Werbegegenstandes wiedergibt. Es setzt Zuwendung und Lernen voraus, beschreibt nun daran anknüpfend, welche psychischen Bedingungen das Denken, Meinen, Verwerfen steuern. Wünschenswert wäre es, daß dieses Modell besser der vieldimensionalen Struktur dieses Vorganges gerecht würde. Einen Versuch in dieser Richtung unternimmt das Image-Modell.

8. IMAGE-MODELL

8.1 Grundannahme

Der Kommunikant entscheidet sich vor allem gemäß seines Idealimages für den Werbegegenstand. Gelingt es, (neben Bekanntheit und Aufforderungswert) den Gegenstand in ausreichende Nähe des Idealimages zu bringen, so wird sich der Kommunikant für ihn entscheiden.

Diese Grundannahme gibt die Vorteile der vorangegangenen Modelle nicht auf. Sie geht auch mit Modellvariablen um, die durch eindeutig reproduzierbare Methoden bestimmbar sind. Sie bemüht sich gleichfalls darum, nicht nur ein kleines Teilstück des Beeinflussungs- bzw. Adoptionsprozesses zu erfassen, sondern ihn total zu beschreiben und zu prognostizieren. Ihr Problem ist dabei die Verbindung der einzelnen Variablen untereinander zu einem realitätsnahen Modell. Sie unternimmt dies unter dem lenkenden Gedanken des Idealimages.

Werbefachleute und Gestalter folgen in ihren Entscheidungen oft dieser Grundannahme. Jedoch gehen sie selten soweit, daß sie mit dem zugehörigen Modell arbeiten. Vielleicht ist es ihnen zu umständlich. Aber es könnte auch sein, daß ihnen dann Fehler bewußt würden, die ihre weiteren Überlegungen sehr behindern. Psychologen, die der Gestaltpsychologie nahestehen, werden das Image-Modell bevorzugen. Aber auch von anderen sollte es stärker beachtet werden. Denn es enthält die Möglichkeit, viele Aspekte zugleich zu berücksichtigen und sie dennoch methodisch sauber zu kontrollieren.

8.2 Modell

8.2.1 Image und Stereotyp

Als *Image* bezeichnet man die Gesamtheit aller Gefühlsäußerungen, die in einer öffentlichen Meinung ihrem Gegenstand (z. B. Produkt, Person, Idee) entgegengebracht werden. Im Gegensatz zur einzelnen Einstellung ist das Image also mehrdimensional. Das am häufigsten angewandte Meßwerkzeug eines Images ist das Polaritätsprofil bzw. semantische Differential (vgl. 8.3). Die Erlebnisvielfalt eines Images zu beeinflussen ist häufiges Anliegen der Werbung. Als Beispiel mag die PR-Tätigkeit von Parteien und Firmen genannt sein.

Häufig in identischer Bedeutung, zweckmäßiger aber unterschieden wird das Wort *Stereotyp* benutzt. Man bezeichnet mit ihm überprägnante Vorstellungen vom Gegenstand einer öffentlichen Meinung (*W. Lippmann* 1922).

Eingeteilt werden Stereotype in [66]:

1. Gruppenstereotyp: Auto- und Heterostereotyp;
2. Objektstereotype (auch „Image" genannt);
3. Personenstereotype (Ruf).

Stereotypen sind prinzipiell erlebnismäßig mit Einstellungen und Images verbunden. Dabei weichen imagehafte, stereotype Beurteilungsmuster unterschiedlich stark von der Wirklichkeit ab, unter anderem wegen ihres subjektiven Bewertungsanteils. Sie haben eine hohe Redundanz (wenig Attribute) und sind in ihren anschaulichen Gehalten stark übertrieben (Lupeneffekt). Sowohl Images als auch Stereotypen zeigen graduelle und strukturelle Schwankungen zwischen den Gruppenmitgliedern. Dennoch gestattet ihre Kenntnis die Vorhersage wahrscheinlicher durchschnittlicher Beurteilungen eines Gegenstandes durch die Gruppe.

Beobachtet man die Entstehung von imagehaften-stereotypen Beurteilungsmustern, so scheinen diese stark vom Zusammenspiel von (evtl. öffentlich) gesetzten Erwartungen und erstem Eindruck abhängig zu sein. Dieses Aufeinanderfolgen von Bedingungs- und späterem einsichtigen Lernen scheint die Basis für die Tatsache zu sein, daß Images und Stereotypen schwer änderbar sind. Untersuchungen zeigen zudem, daß ihre Starrheit umgekehrt proportional zur Orientiertheit ist [10]. Dies spricht dafür, daß ihnen eine motivationale Funktion zukommt: sie ermöglichen einerseits raschere Entscheidungen, andererseits vermittelt diese Entscheidungsgeschwindigkeit und das Bewußtsein der Übereinstimmung mit der Bezugsgruppe ein Gefühl der Selbstsicherheit.

Stereotypen von fremden Gruppen (sogen. Heterostereotypen) sind im Sinne des abhebenden Kontrastes entgegengesetzt dem Autostereotyp, dem Bild der eigenen Gruppe geformt (*K. S. Sodhi* u. *R. Bergius* [1953]). Persönliche Eigenschaften werden dabei dem Autostereotyp assimiliert. Dies ist eine häufige Begleiterscheinung: Im Umfeld von Images und Stereotypen werden nicht passende Eigenschaften korrigiert (Halo-Effekt); z. B. Überschätzen der Intelligenz schöner Menschen, Unterschätzen der Intelligenz Krimineller oder die Beurteilungsänderung eines politischen Textes je nach dem Wissen, von wem er angeblich sei [124].

Die wichtigste Eigenschaft imagehafter-stereotyper Beurteilungsmuster ist ihre empfängerseitige *Redundanz*. Vielleicht läßt sie sich mit der Hypothese in Verbindung bringen, daß der Organismus in allen Situationen und Zusammenhängen mit dem geringsten Energieaufwand zu reagieren suche (*Fr. Alexander*: Trägheitsprinzip). Diese Tendenz dient augenscheinlich der Abwehr einer möglichen Überbelastung. Im Raum des Phantasierens und Denkens entspricht ihr der Abwehrmechanismus der Verdichtung, die Bildung von stereotypen Vorstellungen und die Neigung, mit extremen Bewertungen eindeutige Ordnungen zu schaffen. Dies führt aber nicht nur zur Vereinfachung und Abstraktion, sondern auch zu Vorurteilen, starren Denkschemata und anderen stereotypen Reaktionsformen.

Welche menschlichen und sozialen Konsequenzen hat aber eine so grobe Vereinfachung von Nachrichten? Eine erste Antwort hierauf finden wir in folgendem Gedankengang bei *H. Quastler:*

Der Mensch kann im Gegensatz zum Tier beliebig viele Ordnungen und Zusammenhänge auffassen und in seinem Verhalten beantworten. Würde er von dieser Möglichkeit Gebrauch machen, müßte er sich ständig gegenüber einer riesigen Zahl von Sachverhalten entscheiden. Wollte er aber zu allem Stellung nehmen, bliebe ihm kaum Zeit zur Befriedigung des animalischen Bedarfs. Deshalb ist es für den Menschen lebensnotwendig, daß er den Komplexitätsgrad der ihm begegnenden Ordnungen und Zusammenhänge reduziert. (Im Bereich des Erlebens ist dieser Reduzierungsvorgang als „spontane Selbstgliederung“ von der Gestaltpsychologie beschrieben worden.) Wir entscheiden uns nicht ständig zwischen 22 000 Worten und Zeichen, sondern wir reduzieren die Anzahl der Alternativen auf den unterschiedlichsten Strukturebenen: Buchstaben — Silben — Wörter — Grammatik — Bedeutungs- und Sinngefüge. Bereits bis zur Grammatik beobachten wir eine Reduktion der Komplexität um fast 90 %. Wir benutzen also nur ein Zehntel der strukturellen Kapazität unseres Phonemsystems. Der informationstheoretische Fachausdruck für diese Erscheinung heißt Redundanz (von redundancy = überflüssig). Sie beträgt also Red. = 90 %.

Trotz riesiger Alternativsysteme und beliebiger Möglichkeiten zur Redundanz funktioniert die zwischenmenschliche Kommunikation praktisch recht gut. Dies erklärt man sich mit einer förderlichen wechselseitigen Ergänzung von Stereotypen, Arbeitsteilung und Konformitätszwängen (*P. R. Hofstätter*): Die in Großgesellschaften notwendigen Systeme der Arbeitsteilung gestatten den Verzicht darauf, alles genau zu wissen und zu können. Außerhalb seines Arbeitsplatzes bleibt man nur an Hand von Stereotypen und imagehaften Eindrücken orientiert. Die Systeme der Arbeitsteilung definieren die Rolle von Untergruppen (z. B. Stände), aber sie definieren auch Arbeitsrollen (z. B. Gelehrter) und Rangsysteme (z. B. Elite, Mittelstand, Unterschicht). Alles dies führt als unvermeidliche Begleiterscheinung zu schichtspezifischen Konformitätszwängen, zu dem, was im marxistischen Denkmodell als Klassenbewußtsein bezeichnet wird. Diese Konformitätszwänge bringen aber unter den individuellen Meinungen wiederum eine Auslese zustande. Sie lassen nur wenige Meinungen gelten und verabsolutieren diese. An die Stelle je logisch und empirisch erforderlicher Schlußfolgen treten locker aneinander gefügte stereotype Bilder. Imageähnlichkeiten diktieren ihre Verknüpfungen. Ihre Plausibilität gehorcht jenem Konformitätszwang, der sich in Normen verbalisiert äußert. Normen und mithin Konformitätszwänge ändern sich ständig (teils als eine Folge der Massenkommunikation).

Dem einzelnen muß nicht bewußt sein, daß seine Erlebnisse vorgefertigten Images entsprechen und öffentlichen Stereotypen folgen. Umgekehrt garantiert das Bewußtmachen eines Stereotypes und seiner Auswirkungen keineswegs seine Auflösung. Erstens entsprechen imagehafte, stereotype Beurteilungsmuster häufig wichtigen Motivationen, die man also zunächst beseitigen müßte, und zweitens helfen sie eine differenziertere Orientiertheit ersparen. Es müßte also neu gelernt werden: aber aus welcher Motivation? Denn Images und Stereotype verstärken ihre Widerständigkeit mit der sie begleitenden Erfahrung, daß sie sich in Interaktionen bewähren und Kommunikationen erleichtern.

Dies alles legt die Frage nahe: Welche Funktionen haben Images und Stereotype im werblichen Beeinflussungs- bzw. Adoptionsprozeß?

8.2.2 Profilierungsstrategie

Der Psychotherapie ist seit langem bekannt, daß eine Korrektur des Selbstbildes ein zentraler Teil jeder Therapie sein muß. Es gibt therapeutische Techniken, die allein mit dieser Korrektur auszukommen trachten; so etwa die Nicht-direktive-Therapie *Rogers*. Er spiegelt das Verhalten des Patienten, um ihm eine Korrektur seines Selbstbildes zu ermöglichen.

Aber auch beim psychisch gesunden Menschen dienen Vorlieben und Wahlen unter anderem dem Zweck, das Selbstbild zu stabilisieren oder es dem Ich-Ideal näher zu bringen. Dies führt zu der Vermutung, daß es im Adoptionsprozeß vor allem auf das Idealimage von der eigenen Person ankäme. Tatsächlich soll *P. D. Martineau* seinen Auftraggebern empfehlen, ihre Produkte zu Persönlichkeiten zu machen, so daß sie dem durchschnittlichen Ich-Ideal der Käufergruppe nahestehen. Dieses kathartische Vorgehen (siehe 10.2.2) bezeichnet man als Profilierungsstrategie.

Derjenige Gestalter, der eine Farbe für eine Packung, für eine Anzeigenserie usw. wählt, mit dem Ziel, sie solle dem Kunden gefallen, ist dabei, diese Profilierungsstrategie zu benutzen; wenn auch sehr einseitig. Denn Farbe an sich gibt es für das menschliche Erleben nicht. Diese Farbenwahl wird also nur dann zutreffend ausfallen, wenn beachtet worden ist, daß diese Farbe erlebnismäßiger Anteil des Produktes, des Preises, der Kaufsituation ist. Farbe trägt zum Image bei, aber nicht auf eine konstante Weise, sondern in einer wechselnden Qualität, je nach den übrigen Umständen. *H. Dölker* [26] hat in einer Imageuntersuchung Farbe—Text zeigen können, daß es sich auch um keinen linearen Einfluß der Farbe handelt: Er wendet sich sogar in eine gegenteilige Richtung, wenn die Profildistanz eine feste Grenze überschreitet.

Es gibt eine große Zahl elementenpsychologischer Untersuchungen zur erlebnismäßigen Wirksamkeit von Farben (siehe Überblick in [30]). Doch ihre Ergebnisse sind eher irritierend und lenken von der Beachtung aller anderen Gestaltungsmittel ab. Deshalb ist es dem Erleben des Rezipienten angemessener, sich global um die Produktpersönlichkeit, um das Produktimage und um das ideale Selbstimage zu bemühen.

Es war das Verdienst *P. R. Hofstätters,* das semantische Differential *Osgoods* zu der Bewältigung von Image-Problemen in die Werbeforschung eingeführt zu haben. Für diesen speziellen Anwendungsbereich nannte er es Polaritätsprofil (vgl. 8.3). Mit Hilfe polarer Wortpaare erfaßt man das Image des Objektes oder (wenn z. B. Persönlichkeitseigenschaften benutzt werden) der Produktpersönlichkeit. In beiden Fällen folgt man der Vorstellung, daß der Angesprochene zur Korrektur seines Selbstbildes das dazu erlebnismäßig geeignete Image (oder auch Produktpersönlichkeit) wählt.

Das unbewältigte Problem dieser Profilierungsstrategie liegt in ihrer unzureichenden Verbindbarkeit mit anderen Marktdaten und ihre fehlende Voraussagbarkeit von Kaufhandlungen.

8.2.3 Psychologisches Marktmodell

In keinem der bisher diskutierten Modelle waren Erlebnisdaten der Werbemittel ausreichend berücksichtigt. Eine Ausnahme macht nun das Modell *B. Spiegels* [137]. Dieses Modell gilt für jeden Meinungsgegenstand, auch dann, wenn die Meinung nicht ausdrücklich formuliert ist; denn es interessiert nur das Image des Gegenstandes. An eine Tendenz, das Gegenstandsimage gemäß dem erstrebten Selbstimage zu wählen, glaubt also *B. Spiegel* nicht [137, S. 50].

Der Grundgedanke dieses Modells ist die Übersetzung einer erlebnismäßigen Nähe oder Weite in einen räumlichen Abstand (Topologische Abbildung situativer Gegebenheiten nach *K. Lewin* [94]). Um diesen Abstand darzustellen, bedarf es eines räumlichen Koordinatensystems. Die Dimensionen des Koordinatensystems werden von den (faktorisierten) Wortpaaren eines Polaritätsprofils (vgl. 8.3) gebildet. Die räumliche Stellung einer Person in diesem Koordinatensystem wird an Hand seines Images von einem erwarteten, erhofften Idealgegenstand festgelegt. Dazu müssen die Wortpaare des Polaritätsprofils natürlich gegenstandsadäquat sein. Ort und Größe des interessierenden Gegenstandes (Produkt, Partei, Idee o. a.) definiert *B. Spiegel* durch die ursprüngliche Lage seiner spontanen Anhänger im Koordinatensystem. Der Abstand zwischen Person und Gegenstand drückt so ihre erlebnismäßige Verbundenheit mit dem Gegenstand aus.

Der Abstand vom Gegenstand oder der Abstand der Personen untereinander errechnet sich als pythagoräische Summe der dimensionstypischen Einzelabstände:

$$D = \sqrt{\text{Summe}\,(d^2)}$$

Betrachten wir nun *Spiegel* folgend das Auftreten und die Entwicklung eines Gegenstandes im Koordinatensystem. Dabei soll sich der Leser der Einfachheit halber das System nur zweidimensional vorstellen, das Polaritätsprofil also aus nur zwei (unabhängigen) Wortpaaren bestehen lassen.

Je nach der Art des Gegenstandes sind die seine Lage definierenden Personen spontane Zustimmer oder Erstverwender. Mit der Lage der spontanen Anhänger ist zugleich das Image des Gegenstandes beschrieben.

Die praktische Festlegung des Gegenstandes wird allerdings durch Neophile und durch seine imagemäßige (evtl. rasche) Eigenbewegung gestört. Eine weitere Störung ergibt sich als Wirkung des Halo-Effektes: Die spontanen Anhänger beurteilen den Gegenstand nämlich nicht nur nach seinen erlebnismäßigen Eigenschaften, sondern durch die positive Einstellung werden solche Worte bzw. Dimensionspole unrealistisch bevorzugt, die geeignet erscheinen, die positive Einstellung auszudrücken.

Die Größe des Gegenstandes ist gleich der Größe der im Modell abgedeckten Fläche. Sie hat also nichts zu tun mit der Anzahl der Anhänger. Die Größe der Fläche mißt deshalb nicht die Intensität der Zuwendung, sondern die imagemäßige Eindeutigkeit des Gegenstandes. Je kleiner der Gegenstand, desto prägnanter sein Image.

„Mit dem Auftreten der ersten Anhänger bilden sich erfahrungsgemäß auch meistens schon die ersten Ablehner und zwar notwendigerweise am Gegenpol“ [137, S. 56 f.]:

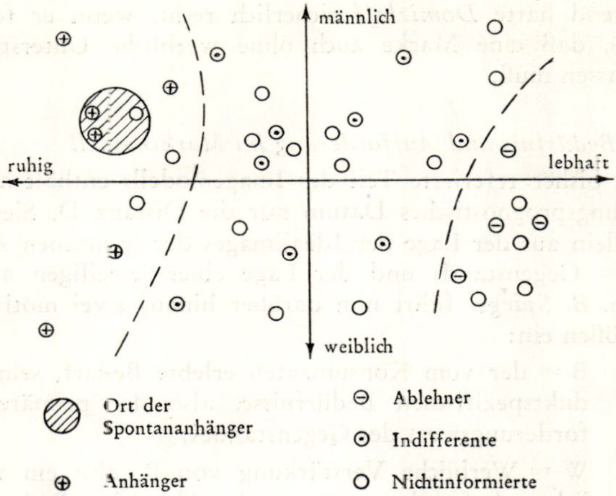

Fig. 11: Personenverteilung in den Dimensionen eines Polaritätsprofils nach ihrem Idealimage vom Werbegegenstand [137, S. 58]

Nachdem eine Werbeaktion den Gegenstand bekannt gemacht hat, erfolgt die Ausbreitung der Anhängerschaft in einer „verhältnismäßig geschlossenen Front“ [137, S. 59]. Im gleichen Maße beginnt sich auch die Front der Ablehner auf die Anhängerfront zuzubewegen. Dabei verbleibt der einzelne Informierte um so länger in der Indifferenz, je zentraler er zwischen den Fronten liegt.

Eine sanfte Einführungswerbung soll nach *Spiegel* ein günstigeres Zahlenverhältnis zwischen Anhängern und Ablehnern erzeugen. Dies bedeutet, daß seine prognostischen Formeln (vgl. unten) erst einige Zeit nach der Einführungswerbung angewandt werden können.

Weiter vermeidet eine sanfte Einführungswerbung das Entstehen eines reklamehaften Images, das den Ablehnern als Rationalisierung ihrer Ablehnung nur dienlich ist. Diese Verstärkung der Ablehnergruppe verhindert zugleich über eine längere Zeitstrecke gesehen die Möglichkeit, daß der Gegenstand zu einer Selbstverständlichkeit wird. Diese Gefahren beachtend hatte *Domizlaff* sicherlich recht, wenn er forderte (1951), daß eine Marke auch ohne werbliche Unterstützung Fuß fassen muß.

8.2.4 Bedürfnis und Aufforderung im Marktmodell

Der bisher referierte Teil des Imagemodells enthält als entscheidungsprognostisches Datum nur die Distanz D. Sie ergibt sich allein aus der Lage der Idealimages der spontanen Anhänger (= Gegenstand) und der Lage einer jeweiligen anderen Person. *B. Spiegel* führt nun darüber hinaus zwei motivierende Größen ein:

B = der vom Konsumenten erlebte Bedarf, seine produktspezifischen Bedürfnisse, also der primäre Aufforderungswert des Gegenstandes;

W = Werbliche Verstärkung von B, also ein zusätzlicher Aufforderungswert, der über den Bedarf hinausgeht.

B und W können auch negativ sein: B wenn eine allgemeine Abneigung gegenüber diesem Produktbereich vorliegt, W dagegen wenn die Werbung (beabsichtigt oder unbeabsichtigt) den Gegenstand in seiner Eignung für eine Bedürfnisbefriedigung vermindert. Die Summe von B und W stellt die Aufforderungsgröße des Gegenstandes bzw. des Produktes dar. Das Verhältnis von Aufforderungsgröße zu Distanz

$$\operatorname{tg} \alpha = \frac{B + W}{D}$$

nennt *Spiegel* den Gradienten bzw. den *Aufforderungscharakter* des Gegenstandes.

Jeder Mensch ist zur gleichen Zeit unterschiedlichen Aufforderungsgradienten mehrerer konkurrierender Gegenstände (Produkte, Parteien) ausgesetzt. Sie bilden eine bereichstypische Gradienten-Hierarchie. Für den Konsumenten (in Fig. 12) steht P_2 der Imagenähe nach hinter P_1, dem Aufforderungscharakter nach jedoch vor P_1. P_2 steht also für ihn als Befriedigungsmittel zuerst an. Allerdings kann — was dieses Modell nicht berücksichtigt — die Art der erlernten Abwehr und

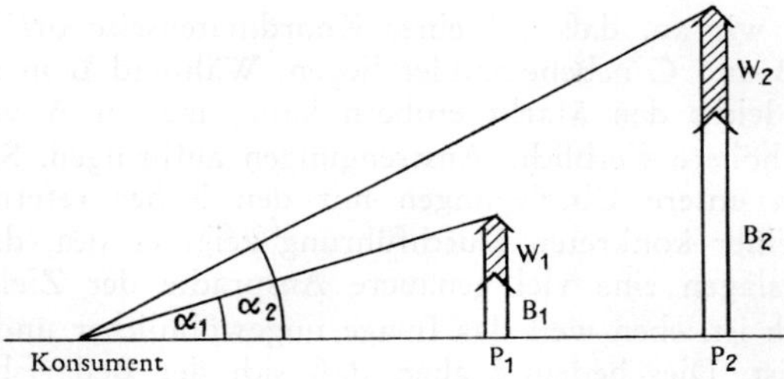

Fig. 12: Gradienten-Darstellung [137, S. 65]

Ersatzbefriedigung die faktische Reihenfolge ändern (vgl. Kap. 10).

Die Art des Gegenstandes, die speziellen Bedürfnisse des Konsumenten und auch die Werbung müssen im Moment der Adoption noch nicht völlig zusammenpassen. Die so verbleibende *kognitive Dissonanz* ist nun der Motor für einen Angleichungsprozeß (Harmonisierung). Und zwar gleicht der Konsument sein Selbstbild dem Gegenstand an (Selbstharmonisierung). Gelingt diese Selbstharmonisierung nicht, kann es zur nachträglichen Ablehnung des Gegenstandes (des Geschäftes, der Partei oder auch der Werbung) kommen (z. B. gekauftes Kleidungsstück, das dann doch nicht getragen wird).

Auf eine besondere Problematik macht die *Abseitslage* von Produkten aufmerksam:

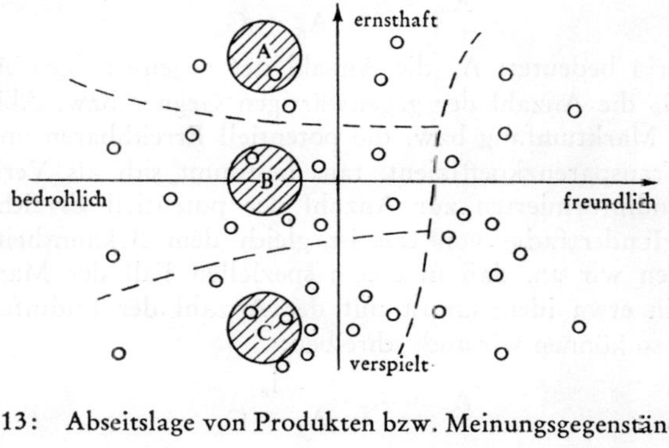

Fig. 13: Abseitslage von Produkten bzw. Meinungsgegenständen

Nehmen wir an, daß auf einer Koordinatenseite drei Produkte A, B und C nebeneinander liegen. Während B in seiner Mittellage leicht den Markt erobern kann, müssen A und C wesentlich höhere werbliche Anstrengungen aufbringen. Soweit decken sich unsere Überlegungen mit den bisher referierten. Doch bei einer konkreten Durchführung zeigt es sich, daß in den Abseitslagen eine viel genauere Ansprache der Zielgruppen möglich ist, eben weil das Image ungewöhnlicher und ausgeprägter ist. Dies bedeutet aber, daß sich der Bedarfsbetrag B besser abschätzen und der Aufforderungswert W stimmiger hinzufügen läßt.

8.2.5 Nischen-Theorie

Im Modell von *B. Spiegel* sehen wir, wie unter der Wirkung der Werbung die Grenzen zunehmend aufeinander zulaufen und sich schließlich vereinigen. Trotz dieses Zusammentreffens der Fronten werden einige Personen immer uninformiert bleiben. Einige Indifferente können (außerhalb des wirtschaftlichen Bereiches) nur durch Sanktionen zur Entscheidung gezwungen werden. Dennoch ist es ein Stück weit möglich, die ungefähre Größe der Endanhängerschaft A_e abzuschätzen, sofern man annimmt, daß sich die Fronten mit gleich bleibenden Gebietsverhältnissen bewegen. *Spiegel* gibt unter dieser Voraussetzung folgende Formel an:

$$A_e = A_g \cdot \frac{F \cdot tau_e}{A_g + G_g}$$

Hierin bedeutet: A_g die Anzahl der gegenwärtigen Anhänger, G_g die Anzahl der gegenwärtigen Gegner bzw. Ablehner, F den Marktumfang bzw. die potentiell Erreichbaren und tau_e den Transparenzkoeffizient. tau_e bestimmt sich als Verhältnis der Endinformierten zur Anzahl der potentiell Erreichbaren. Das Hundertfache von tau ist gleich dem Bekanntheitswert. Nehmen wir an, daß in einem speziellen Fall der Marktumfang in etwa identisch ist mit der Anzahl der Endinformierten i_e, so können wir auch schreiben:

$$A_e = A_g \cdot \frac{i_e}{A_g + G_g}$$

Diese Formel würde eine höhere Voraussagezuverlässigkeit haben, wenn es möglich wäre, i_e durch die Anzahl derjenigen zu ersetzen, die mit den verwendbaren Medien erreichbar sind. Doch wir wissen, daß auch dies erheblich abweichen kann. Zwischenmenschliche Beziehungen enthalten wirksamere Vorgänge, als sie die Werbung zu produzieren vermag (vgl. Kap. 12).

Wo sollen wir unseren Werbegegenstand seinem Image nach plazieren, wenn A_e ein Maximum werden soll? Als Antwort hierauf formuliert *B. Spiegel* seine *Nischen-Theorie*. Er nimmt an, daß es meist Personen gibt, die außerhalb der Fronten bleiben, die durch die Anhänger der konkurrierenden Gegenstände definiert sind. Der Bereich, in dem sich diese Personen befinden, nennt *Spiegel* eine manifeste Nische.

Nicht allzuselten ist ein Markt so strukturiert, daß auch die Personen der manifesten Nische sich für eines der angebotenen Produkte entscheiden müssen: vielleicht weil der Bedarf vitaler Art ist oder seine Befriedigung einer Norm entspricht oder weil Sanktionen eine Entscheidung erzwingen. In diesem Fall haben wir es mit einer latenten Nische zu tun. Sie entspricht dem Ort mit dem flachsten Gradienten und ist für ein neues Produkt mithin die weichste Stelle im Imagefeld.

Hier kann es so scheinen, als sei es prinzipiell zweckmäßig, mit einem neuen Produkt eine Nische aufzusuchen. Dem ist nicht so. Bei sehr starken Konkurrenten kann es z. B. wirkungsvoller sein, sich einem dieser Konkurrenten anzupassen. Aber viel gewichtiger für den Ort der Gegenstandsplazierung ist die örtliche Besiedlungsdichte H im Bereich der Nische. Es kann sein, daß die Nische so schwach besiedelt ist, daß sich schon deshalb eine andere Plazierung gebietet. Dies berücksichtigend können wir den *Nischenwert* NW wie folgt berechnen:

$$NW = \frac{H}{\operatorname{tg} \alpha_{max}}$$

Der Nischenwert berechnet sich also als das Verhältnis von Besiedlungsdichte zu dem in dem Ort herrschenden größten Gradienten. H ist eine Funktion des Ortes. Sie bestimmt sich aus der Besetzungsstärke einer n-dimensionalen Kugel mit konstantem Radius, sofern n die Anzahl der berücksichtigten Dimensionen wiedergibt. Der Rechengang erfolgt elektronisch. Er beginnt zur ersten Orientierung mit einem großen Kugelradius (evtl. ein Viertel der Gesamterstreckung des Feldes) und schreitet fort zu kleinen Radien mit zunehmender Beschränkung auf das Umfeld von NW_{max}.

8.3 Methoden

8.3.1 Polaritätsprofil

Das Kernstück des Imagemodells ist die Ermittlung des Idealimages der Gegenstandsgruppe, zu der der interessierende Gegenstand gehört. Ein Image ist jedoch nur auf der Ebene gefühlshafter Erlebnisse greifbar. Nun sind Auskunftspersonen der Marktforscher keine Dichter und Literaten, die mit bewegten Worten ihre Emotionen auszudrücken vermögen. Außerdem würde es für eine statistische Bearbeitung des Materials kaum von Nutzen sein. In dieser Lage ist das Polaritätsprofil ein zweckmäßiger Ausweg [89; 111].

Das Verfahren legt der Auskunftsperson eine Reihe von Wortpaaren vor. Hier ein paar Beispiele zur Ermittlung des Images einer Anzeigengestaltung [65]:

freundlich	bedrohlich
nachlässig	sorgfältig
gesellig	einsam
unscheinbar	auffallend
verträumt	nüchtern
männlich	weiblich
ruhig	lebhaft
klar	trüb
wertvoll	minderwertig
heiter	traurig
verspielt	ernsthaft
modern	altmodisch
elegant	bieder
prüde	sinnlich
außergewöhnlich	alltäglich
naturhaft	technisch
übersichtlich	verworren

unterhaltend	schulmeisterlich
statusbetont	neutral
erregend	sachlich

Die Auskunftsperson wird vom Interviewer aufgefordert, von jedem Wortpaar dasjenige zu wählen, das ihrem Empfinden nach am bestem zum Gegenstand XY paßt. Erst in der Auswertung setzt man das linke Wort = — 10, das rechte Wort = + 10 und bestimmt pro Wortpaar von allen Befragten das arithmetische Mittel. Gemäß der erhaltenen Werte erhält man zwischen den Wortpaaren einen Kurvenzug: das Polaritätsprofil. Es gilt als Beschreibung des Images:

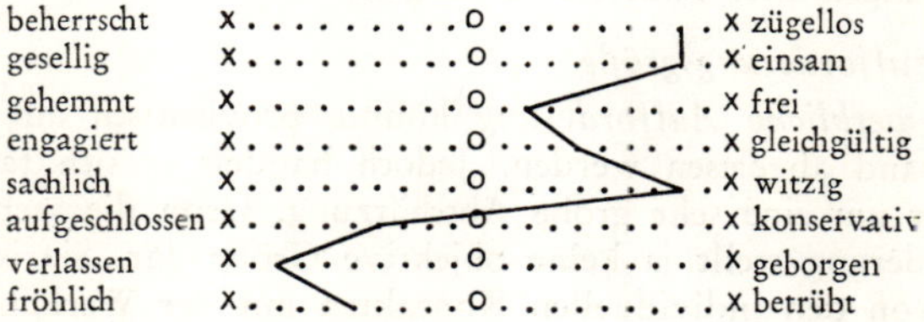

Fig. 14: Polaritätsprofil des Images einer Personengruppe

Einige Psychologen ziehen es vor, der Auskunftsperson eine feinere Unterteilung anzubieten. Bei diesem Vorgehen bestimmt man die Gipfelwerte und Quartilabstände. Wortpaare mit zu großer Streuung läßt man aus der späteren Diskussion heraus.

Da oft das gegenpolige Wort schwierig oder unbefriedigend zu formulieren ist, benutzen andere nur eine Wortreihe. Die Auskunftsperson hat in diesen Fällen durch eine Zahl auszudrücken, wie gut das Wort zum Gegenstand paßt.

Die Wortpaare können nun noch nicht direkt als Koordinatensystem verwandt werden. Denn sie sind ja keineswegs unabhängig voneinander. Deshalb muß jetzt eine faktorenanalytische Bearbeitung des Materials folgen (zur faktorenanalytischen Methode siehe [57]). Sie reduziert die Wortpaare auf wenige voneinander unabhängige Dimensionen, die als Koordinaten benutzt werden können. Untersuchungen machen wahrscheinlich, daß man mit mindestens drei Gefühlsdimensionen rechnen muß (*C. E. Osgood* u. a. [112]):

— evalution (Wertbestimmung, Bewertung): z. B. sympathisch — unsympathisch
— potency (Macht, Stärke, Dominanz, Potenz): z. B. männlich — weiblich, stark — schwach
— activity (Tätigkeit, Betriebsamkeit, Bewegtheit): z. B. langsam — schnell, rund — eckig

Mit der Anwendung des Polaritätsprofils sind die wichtigsten Bestimmungsstücke des Image-Modells ermittelt: die Lage der Personen, der Gegenstände, ihre Abstände und die örtliche Besiedlungsdichte. Unbefriedigend gelöst ist die Bestimmung der

8.3.2 Aufforderungsgröße

Die *werbliche Aufforderung* könnte provisorisch am Werbeaufwand abgelesen werden. Jedoch handelt es sich tatsächlich nur um eine sehr grobe Abschätzung. Denn die werbliche Aufforderung stellt ja keine objektive Größe dar. Sie ist vor allem von den individuellen Kontakten mit der Werbung abhängig, von der Stellung des einzelnen im Diffusionsprozeß und der Ausgesetztheit werbeunterstützender Interaktionen. Wahrscheinlich müßte eine Fragebogenmethode entwickelt werden, die zur Messung der werblichen Aufforderung geeignet ist.

Noch schwieriger ist die Bestimmung des *primären Aufforderungswertes* des Gegenstandes, die Ermittlung der Bedürfnisse, die ihm entgegengebracht werden. Als gröbere Indikatoren kämen in Frage:

1. Die Zeitstrecke, in der sich die manifeste Nische zur latenten schließt;
2. Der relative finanzielle (oder auch zeitliche) Aufwand, der von der Einzelperson zur Befriedigung eingesetzt wird. Hier müßte der Bedarf für jede Person gesondert berechnet werden.

Wünschen wir feinere Meßmethoden, geraten wir in den Raum des Motivationsmodells. Der methodische Aufwand würde so enorm wachsen, daß dahinter die Ausgangsidee völlig verschwinden würde. Ich werde deshalb den Verdacht nicht los, daß die Aufforderungsgröße von *B. Spiegel* nur deshalb eingeführt wurde, weil er merkte, daß die Imagenähe allein die Reaktion nicht befriedigend vorhersagt.

8.4 Fronten-Hypothese und Aufforderungsmessung als Schwächen des Modells

Wir sind bereits mitten in der Kritik des Modells. Aber gehen wir der Reihe nach vor: Da ist zunächst das *Koordinatensystem.* Wie groß ist die optimale Anzahl und Art der Dimensionen? Die Faktorenanalyse allein kann es nicht beantworten, denn es können ja entscheidende Wortpaare im Polaritätsprofil gefehlt haben. Dieser Aspekt macht das Modell im Prinzip unangreifbar. Denn bei einem Versagen kann immer gesagt werden, daß eine wichtige Dimension unberücksichtigt blieb. Aber woran merkt man es vorher, bevor die Werbekampagne ein Mißerfolg wurde?

Dann: gibt es für alle potentiellen Anhänger genau ein Koordinatensystem? Oder schwankt Gehalt und Relevanz der Wortpaare derart, daß mit gruppentypischen Dimensionsstrukturen gerechnet werden muß? Dann würde es aber kein einheitliches Modell im *Spiegel*schen Sinne geben. Es müßten komplizierte Transformationsformeln eingeführt werden. Die pessimistische Möglichkeit, daß die Dimensionsstruktur sogar interpersonell variiert, wollen wir außer acht lassen.

Ein weiteres Problem stellen die sogen. *Fronten* dar. Sie sind in der Marktforschungsrealität sehr breite Übergangszonen. Nur durch statistische Manipulationen lassen sie sich sichtbar machen. Ja, es gibt Fälle, wie wir (*K. Schreiber* und *H.-J. Hoffmann*) an der Einführung einer Zeitschrift beobachten konnten, in denen keine Fronten nachweisbar sind. Nun kann man sich auf den Standpunkt stellen, daß in den Formeln die Fronten ohnehin ohne Bedeutung sind. Doch u. E. bilden sie für die Überlegungen im Rahmen des Image-Modells das entscheidende anschauliche Element. Wird es genommen, verbleiben nur noch recht abstrakte Modellvariablen, die ohne Hilfe des beratenden Psychologen für den Werbefachmann unhandlich sind.

Eine weitere Problematik verbindet sich mit der Rolle der *Werbung* im Modell. Wenn diese auch die Aufforderungsgröße verändert (Bedürfnisweckung), so erhöht sie doch in erster Linie die Bekanntheit (sogen. Feldtransparenz), vermindert also die Zahl der Nicht-Informierten. Dabei verändert die Werbung die Stellung des einzelnen im Modell und zwar nicht immer zugunsten des Gegenstandes. Wie ist vorhersehbar, wessen Stellung sie verändert und welche Personen am alten Imageort verharren werden? Es ist bekannt, daß sich die Interessen des Konsumenten nach seinem Status, Religionszugehörigkeit, Erziehung u. a. richten, daß dies eine Selektion unter den Werbebotschaften zustande bringt. Doch wo sind diese Vorgänge im Modell berücksichtigt (vgl. die „Tendenz zur Maximalisierung der Überzeugungsstärke" (*P. R. Hofstätter*) (7.2) ?

Weiter vereinheitlicht die Werbung die *Bedürfnisse* der Angesprochenen zu konformen Bedürfnissen und stellt ihr den Gegenstand als ein Befriedungsziel gegenüber. Auch dieser Vorgang ist nirgends im Modell abgebildet. Hier liegt aber der Übergang zur Wahlhandlung, zur Adoption, die es zu prognostizieren gilt.

Dagegen sagt das Modell verläßlich Imageverteilungen, Imageänderungen und auch Imageübernahmen voraus. Dies ist eine wichtige Leistung, die man nicht hoch genug einschätzen kann. Darauf sollte man die Anwendung des Image-Modells beschränken. Denn bei der Vorhersage von Handlungen bedarf es modellfremder Überlegungen, die mit dem Gradientenbegriff nicht abgedeckt sind. Der Gradientenbegriff reduziert die persönlichen und die von der Werbung induzierten Antriebsziele auf eine strukturlose Vorstellung von ihrer Intensität. Das mag für eine Messung bequem und nützlich sein, macht es aber unmöglich, den visuellen und verbalen Gestaltern differenzierte Hinweise zu geben. Das Image ist keineswegs ein Ersatz, denn es beschreibt gefühlshafte Anmutungen und Erwartungen, aber keine Zielvorstellungen. Gewöhnen wir uns deshalb daran, das Image-Modell auf seinem ureigensten Gebiet zu benutzen und nicht mehr von ihm zu verlangen.

Die folgende Darstellung der beiden motivationspsychologischen Modelle wird dem Leser noch deutlicher machen, weshalb es nützlich ist, auf einen weiterreichenden Ausbau des Image-Modells zu verzichten: es würde viel von seiner Operationalität verlieren.

9. MOTIVATIONSMODELL

9.1 Grundannahme

Der Kommunikant organisiert seine Handlungen auf Grund von Motiven. Diese Motive stehen als eine situationsabhängige Hierarchie auch hinter den werblich zu beeinflussenden Entscheidungen. Es kommt demnach in der Werbung darauf an, die jeweils relevante Motivhierarchie aufzudecken und ein möglichst obenan stehendes Motiv anzusprechen.

Diese Grundannahme ist wesentlich unschärfer als die voranbesprochenen: Was ist ein Motiv? Welche Motive gibt es? Wie lassen sich Motive erkennen und messen? Wann kann man sicher sein, ein Motiv angesprochen zu haben? usf. Die Antworten fallen sehr unterschiedlich aus. Sie sind nicht nur von differierenden Methoden und Theorien abhängig, in der Werbung wechseln die Antworten auch mit den Vorurteilen der Beteiligten. Aber gerade hier liegt die Stärke dieser Grundannahme: der persönliche Einfallsreichtum des Grafikers und Texters ist weniger eingeengt, ja er empfängt durch die anschaulicheren, motivausmalenden Anweisungen eine Fülle von Anregungen. Diese Anschaulichkeit ist zugleich von Plausibilitätserlebnissen begleitet, zumal die motivationalen Anweisungen sich deutlicher auf Handlungen beziehen.

Darüber hinaus wird der Werbende durch diese Grundannahme herausgefordert, stärker auf die Bedürfnisse der geplanten Zielgruppe zu achten. Die Werbebotschaft soll nicht nur an einem Beeinflussungszweck und an Wahrnehmungs- und Bewertungsbedingungen orientiert sein, sondern er soll Absichten, Gewohnheiten, Bedenken, Hemmungen, soziale Chancen, ökonomische Möglichkeiten der Betroffenen ernst nehmen. Die nationalökonomische These von der Gewinn maximierenden Konsumentensouveränität ist unempirisch. Ihr gegenüber erinnert das Motivationsmodell den Werbenden heute an seine Mitverantwortung für den Umworbenen.

9.2. Modell

9.2.1 Suggestive Ansprache

In den Anfängen einer motivationalen Betrachtung der Werbewirkung behauptete man — im Anschluß an soziologische Überlegungen — Werbung könne dem Verbraucher beliebige Verhaltenstendenzen suggerieren: Werbung sei eine besondere Form von Suggestion. Als praktisches Handeln begegnet uns diese Auffassung bei vielen primitiven Völkern, aber auch in Sekten und Kirchen. Als philosophische Theorie ist sie die dominierende Vorstellung in den ersten Bemühungen, den Mechanismus der Werbewirkung theoretisch in den Griff zu bekommen. Zwei typische Beispiele dafür sind: *Bernhard Wities* „Das Wirkungsprinzip der Reklame" 1906 und *Karl Marbe* „Die Gleichförmigkeit in der Welt" 1916. Während uns in dem ersten Aufsatz Reklame als Suggestion fertiger Gedanken vorgeführt wird, formuliert *Marbe* in seinem Buch die u. E. erste Theorie der Werbung: der entscheidende Mechanismus sei der auf die „Anpassung an die Masse" gerichtete „Nachahmungstrieb". Der Mangel dieser Theorie war die Globalität ihres Denkansatzes. Aber sie enthielt erstmalig die Aufforderung, das Verhalten des Kommunikanten als werbestützende oder hemmende Größe in Rechnung zu stellen. *Marbe* war auch der erste, der auf die Bedeutung der Geschlechtsrolle des Kommunikanten hinwies. Als öffentliches Tun wandte sich die Reklame an den Mann. Nun sollte sie beginnen, die Frau als einen angemessenen Kommunikationspartner zu begreifen.

Der Gedanke der Werbesuggestion war für jedermann verständlich und so begegnet er uns auch später noch, allerdings nicht mehr im Sinne einer erklärenden Theorie, sondern als wertende Aussage: So karrikiert z. B. *Aldous Huxley* in „Brave New World" 1932 die angeblich suggestive Wirkung der Werbung. Seitdem scheint Werbung, vor allem die Wirtschaftswerbung, einigen Journalisten und Literaten als Sündenbock besonders geeignet.

In der damaligen Psychologie wurde das Phänomen der Suggestion gegenstandsbedingt gesehen: mit der Mehrdeutigkeit einer Situation wächst ihr suggestiver Einfluß. Später lernte man, daß Mehrdeutigkeit zu einem guten Teil vom Empfänger produziert wird und daß Suggestion stärker von den sozialen Begleitumständen als von einem suggestiven Reiz ausgelöst wird (vgl. [135; 140]).

9.2.2 Ansprache motivationaler Themen

Die werbliche Praxis zeigte rasch, daß der bloße Gedanke der Suggestion sowohl zum Erklären als auch als Handlungsanweisung viel zu einfach ist. Mindestens müßte das Was und Wie differenzierter beantwortet werden. Zunächst wandte man sich dem einfacheren Was zu. Man begann darüber nachzudenken, was man suggerieren kann und beantwortete das Problem mit der Entwicklung sogenannter *Argumentationslisten* (z. B. *H. B. F. Kropff* (1934)). Sie enthielten allgemeine Handlungsziele und Lebensthemen. Auf deren Rücken soll die werbliche Nachricht die Auffassungsbarrieren der Kommunikanten passieren, und sie sollen zu zusätzlichen Motiven für die Kaufentscheidung werden. Daß beides möglich ist, ist die zentrale Annahme jeden Motivationsmodells.

Die Argumentationslisten haben sich als Listen von Werbethemen, Appellen oder Konzeptionen bis zum heutigen Tage erhalten. In der Tat können sie dem praktisch arbeitenden Werbefachmann Einfallsreichtum und Denkarbeit ersetzen. Er wird die Konkurrenzwerbung auf bereits benutzte Themen betrachten und dann dasjenige Thema wählen, das bei seiner Ansprechgruppe die größte Aktualität haben wird.

Betrachtet man die Argumentationslisten unter psychoanalytischem Aspekt, so gelingt es, in den Themen eine jeweils vorherrschende motivationale Funktion zu erkennen. Die meisten Themen haben eine abwehrende Funktion: dargestellte Lebensfreude dient der Depressionsabwehr; dargestellter Status, Geschlechts- und Altersrollen dienen der Angstabwehr, ihnen nicht zu entsprechen; dargestellte Güte richtet sich gegen Angst vor Aggression; Forderungen und Ansprüchlichkeiten gegen Angst vor Enttäuschungen; dargestellte Gemeinschaft gegen Angst vor Einsamkeit usf. Gleichzeitig signalisieren die Themen Handlungs- und Befriedigungsziele oder deuten Mittel der Motivbefriedigung an. Viele Themen enthalten auch Beispiele der Daseinsverwirklichung (z. B. Natürlichkeit, Internationalität, Snobismus; vgl. weiter Kap. 10).

Man war (und ist heute häufig noch) in der Werbepraxis weit davon entfernt, diese motivationale Funktion und die gesellschaftlichen Konsequenzen der angebotenen Themen zu durchdenken. Auch heute noch ist es recht „fortschrittlich", wenn man mit Hilfe der Marktforschung klärt, welches Thema das wichtigere sei.

9.2.3 Anbieten von Zusatznutzen

Aus den Wirtschaftswissenschaften bot sich der Nutzen-Begriff an. Er hatte allerdings den Mangel, den Verbraucher als einen rational Handelnden zu postulieren. Werbefachleute erkannten frühzeitig, daß diese Unterstellung vielleicht als Beschreibung der Endhandlung oder für wirtschaftliche Entscheidungen zweckmäßig, aber von der Realität doch soweit entfernt ist, daß sie das Erleben, Denken und Lernen des einzelnen Kommunikanten falsch einschätzen läßt.

In dieser Situation bot *W. Vershofen* ein philosophisch deduziertes System von Zusatznutzen an (1940). Es ergänzte den rationalen Nutzen durch subjektive und soziale Zusatznutzen. Das folgende Schema zeigt, auf welche Weise *Vershofen* die einzelnen Zusatznutzen aus einer sehr allgemeinen philosophischen Kategorisierung ableitet (Zusatznutzen sind kursiv gesetzt):

Ertrag : Nutzen

Materie: Grundnutzen	oder	Leben: Zusammenleben
Sozial: *Geltungsnutzen* (Man, Konformismus)	oder	Persönlich: Erbauungsnutzen
Gegenwart: *Schaffensfreude* (Auswahl, Trieb)	oder	Zukunft: Zuversicht (Strebungen, Wünsche)
ästhetisch: *Harmonie* (Schönheit, Selbstentfaltung)	oder	transzendent: Zurechtfindung (Sicherheit)
ethisch: *Ordnung* (soziale Sicherheit)	oder	fantastisch: *Magie* (religiöse Sicherheit)

Dieses Schema legt sicher eine viel zu starre Ordnung der Zusatznutzen nahe. Es denkt diese zudem unabhängig von Kultur und Gesellschaft als eine metaphysisch vorgegebene Hierarchie. Anzahl und Art der Zusatznutzen sind vielleicht logisch, aber unempirisch.

In der Werbepraxis sollte die Nutzenhierarchie nach der sogenannten Nürnberger Regel benutzt werden: „Je spezieller die Art des Zusatznutzens ist, den eine Ware bieten kann, desto stärker wirkt sie für die Entscheidung." *Vershofen* wollte mit dieser Regel jedoch nicht die Motivforschung ersetzen, sondern nur die Deutung ihrer Untersuchungsergebnisse erleichtern. So wies er nachdrücklich auf die Notwendigkeit von Objektanalysen (vor allem Packungsuntersuchungen) hin.

Erhalten geblieben ist bis heute der Gedanke des Zusatznutzens als „psychologischer Vorteil" des Werbegegenstandes. In dieser von der Philosophie *Vershofens* befreiten Form ist er identisch mit der oben behandelten Vorstellung von motivierenden Themen.

9.2.4 Ansprache unbewußter Motive

Angeregt durch die Tiefenpsychologie und vor allem durch eine mißverstandene Psychoanalyse kam Anfang der fünfziger Jahre der Gedanke in Mode, Werbung müsse unbewußte Motive ansprechen. Einen entschiedenen Fürsprecher fand dieser Gedanke in der Lehre von der Primitivperson (*L. v. Holzschuher* (1955, 56)). Diese Lehre lenkt die Aufmerksamkeit weg von der Thematik der einzelnen Motive hin zu ihrem Bewußtseinsgrad. Dabei wurden Bewußtes und Unbewußtes als zwei unterschiedliche topologische Örter der Motive gedeutet (*Fr. Kraus*): entweder sollten sie der Kortikalperson (bzw. Ichperson: Denken, moralische Kontrolle; Hirnrinde) oder der Tiefenperson (bzw. Primitivperson: Instinkte, Triebe; Hirnstamm) angehören: „Die Primitivperson im Menschen ist ein triebhaftes Wesen, das von Natur aus auf bestimmte Ziele ausgerichtet ist" (1956, S. 140). *L. v. Holzschuher* empfahl, diese Primitivperson stärker zu beachten und wenn möglich zu stimulieren (z. B. mit sogen. Teasing-Kampagnen).

Diese Empfehlung ist viel zu einfach. Sie läßt den Werbetreibenden über die Erfassungs- und Ansprechschwierigkeiten unbewußter Motive im unklaren. Und vor allem gaukelt sie ihm (und seinen Kritikern) eine Macht vor, die er indessen nicht hat.

Dennoch enthielt die Lehre von der Primitivperson für die damalige Zeit ein Positivum: Sie gab den außerordentlich wichtigen Hinweis, daß das Verhalten und Entscheiden des Verbrauchers über größere Strecken nicht durchdacht und schon gar nicht geplant ist. Sie machte dem Werbenden deutlich, daß er die Motivhierarchie des Verbrauchers nicht durch eine bloße Warum-Frage ermitteln kann. Sie machte wahrscheinlich, daß die werbliche Ansprache verschieden auszusehen hat, je nachdem ob die vermittelte Information bestehende Absichten veranschaulicht und unterstützt oder aber eine erst beginnende, ungefähre, gefühlshafte Orientierung strukturiert.

Umgekehrt förderte unbeabsichtigt die Lehre von der Primitivperson die Vorstellung, es gäbe ein sauber abgegrenztes, manipulierbares Unbewußtes. Ja, in der Werbung breitete sich schließlich der Gedanke aus, man könne das Unbewußte direkt für das Werbeziel aktivieren, und zwar mit einer höheren Effektivität und zugleich mit einem geringeren Aufwand als über bewußt durchdachte Nachrichten. Als Krönung dieses Wunschdenkens erschien die sogen. *unterschwellige Werbung.* In Bruchteilen einer Sekunde könne man unter Umgehung des Bewußtseins direkt Handlungen auslösen. Nichts davon ist wahr [86; 144].

Die werbliche Ansprache unbewußter Motive bedarf sicher eines sehr großen zeitlichen Aufwandes, ganz anderer Techniken und einer anderen Sprache (vgl. 10.5).

9.3 Methoden

9.3.1 Motive

Die voran besprochenen Werbemodelle knüpfen an recht verläßlich zu messende Variablen an (z. B. Erinnerungswert). Nicht so das (oder die) Motivationsmodell(e). Die Ursache dafür liegt in der Tatsache, daß Motive keine eindimensionalen

Variablen sind, (die stärker oder schwächer sein können), sondern komplexe psychologische Erklärungskonzepte (vgl. [148]).

Wie stellt sich der Psychologe Motive vor? *Motive* organisieren sich auf Grund von aus dem Organismus und der Umwelt eingegebenen und vergangenen Handlungen oder zukünftige Ziele bewertenden Informationen. Mangel- oder Überschußaspekte der erlebten inneren und äußeren Lage formieren die Informationen zu Antrieben und geben der Lage positive oder negative Chancen. Die mit gelernten oder biologischen Reaktionsmustern freigesetzte kognitive oder motorische Aktivität (z. B. Denken, Träumen, Entscheiden) wird von dem Motiv gestaltet und gesteuert, das von anderen Motiven formierte Verhalten endgültig ausgelöst oder unterdrückt. An einem Motiv läßt sich mindestens erforschen:

1. die zu dem Motiv gehörenden Informationen;
2. die Quelle der Informationen;
3. das Ziel, zu dem das Verhalten formiert wird;
4. die Mittelinformationen, die das Motiv zur Zielerreichung bereit hält;
5. die Wahrscheinlichkeit, mit der ein bestimmtes Verhalten ausgelöst oder unterdrückt wird.

Diese hohe Komplexität von Motiven hat zur Folge, daß erstens: das Wort „unbewußt“ bezogen auf ein Motiv sehr Unterschiedliches bedeuten kann und daß zweitens: Untersuchungsmethoden immer nur einige Fragen zu einem Motiv beantworten können, niemals aber alle zugleich.

Zunächst ein paar Worte zum *Bewußtseinsgrad:* Motive in ihrer Ganzheit sind nie bewußt. Meist ist es der in Gefühlen erlebbar werdende Drang zur Zielerreichung sowie einige Informationen (vor allem Mittel- und Zielinformationen), die als Bedürfnisse, Wünsche, Interessen, Befürchtungen u. a. bewußt erlebt werden.

Dennoch stellt man sich gerne eine Rangreihe nach der Erlebbarkeit und Erfahrbarkeit von psychischen Inhalten vor:

1. Öffentlich verbalisierbar	
2. Erlebbar aber aus normativen Gründen nicht in jeder Situation verbalisierbar	Oberbewußtsein oder helles Bewußtsein
3. Latente, situationell abrufbare Inhalte	vorbewußt
4. Inhalte, die nie voll zur Wahrnehmung gekommen sind	unterschwellig
5. Verdrängte Inhalte	Unterbewußtes und Unbewußtes
6. Nie erlebte, nie verbalisierte, nur in Metaphern formulierbare Inhalte	Unbewußtes

Diese Rangreihe ist nicht eindimensional, d. h. die einzelnen Stufen entsprechen unterschiedlichen Betrachtungsaspekten. In der Werbepsychologie wird das Wort „unbewußt“ zudem meist als zusätzliche Kennzeichnung von Forschungsergebnissen benutzt. Hierbei kann es Unterschiedliches aussagen, wenn gesagt wird, ein Motiv sei *unbewußt:*

1. die Vp hat andere Motive, die sie an dem Sprechen über das Motiv hindern;
2. die Informationen des Motivs sind überwiegend gefühlsmäßiger Art und deshalb schwer zu verbalisieren;
3. die Vp weiß nichts über die Herkunft des Motivs zu sagen;
4. die Vp hat keinen Überblick über die möglichen Ziele des Motivs und weiß nichts über die speziell getroffene Zielselektion zu sagen;
5. die Vp kann ihr eigenes Handeln auf kein Motiv oder nur unwichtige Motive zurückführen.

Im praktischen Gebrauch des Wortes „Motiv“ weichen Psychologen voneinander ab. Dies hängt mit unterschiedlichen theoretischen Vorlieben, mit ihrer praktischen Tätigkeit, aber auch mit dem Verfahren zusammen, das sie bei der Messung von Motivaspekten bevorzugen. Gängige Aspekte solcher Messungen sind: Intensität des Motivs, mitteilbare Wünsche, Abneigungen, Verhaltenssequenzen, genetische Quellen der Motive und unbeachtete Tendenzen der Motive. Die genetischen Quellen stehen vor allem im Mittelpunkt psychonanalytischer Überlegungen.

9.3.2 Intensität der Motive

Hierbei wird das Motiv als definiert angesehen durch die zur Befriedigung führende Endhandlung. Seine Intensität wird auf zwei Weisen erfaßbar [147]:

Erstens durch das Verhältnis der gerade vergangenen Zeit seit der letzten Befriedigung zu dem mittleren Abstand zweier Befriedigungen. Dieser Indikator hat den Mangel, daß er nicht linear mit der Handlungswahrscheinlichkeit korreliert, und er scheint nur für rasch zur Befriedigung drängende, triebnahe Motive verwendbar zu sein.

Zweitens kann das über Befriedigungsmöglichkeiten reproduzierbare Wissen als Indikator dienen. Ein Ersatz kann auch das allgemein über Sachverhalte, die mit dem Motiv zusammenhängen, erinnerbare Wissen bilden. Dieser Indikator hat den Mangel, daß er recht umständlich erfaßbar ist und vor allem: das Ansammeln von Information kann selbst schon ein Stück weit Befriedigungswert haben.

9.3.3 Mitteilbare Tendenzen

Für den Werbefachmann nützlicher als die Intensität sind die Thematik, die Ziele und bevorzugten Mittel eines Motivs. Es ist naheliegend, den Kommunikanten direkt danach ausfragen zu wollen. Tatsächlich kann der Kommunikant, fragt man ihn nur geduldig genug aus, einiges mitteilen. Allerdings wird er uns vieles andere verschweigen, zum Beispiel weil er nie darüber nachdachte, weil er bestimmte Verhaltenszusammenhänge an seiner Person noch nicht bemerkte, weil er vor sich selbst in einem ungünstigen Licht erscheinen würde, kurz, weil es ihm unbewußt ist.

Dennoch stellt man heute noch in der Marktforschung Warum-Fragen. Die Beantwortungen zeigen dem Werbefachmann nämlich, wie die Vp sich selbst sieht und wie sie ihre Entscheidungen, Handlungen und Unterlassungen rechtfertigt. Er erfährt weniger etwas über Motive als über nachträgliche Rechtfertigungen und Deutungen von Handlungen. Vorwiegend auf dieser gedanklichen Ebene hat der Texter eine Chance mit dem Kommunikanten in Kontakt zu kommen.

9.3.4 Genetische Quellen

Wie lernt der Psychiater oder Psychotherapeut die Motive seiner Patienten kennen? Ein wichtiger Zugangsweg ist die Zurückverfolgung einer Bevorzugung, Gewohnheit, Abneigung o. a. in die vergangenen Lebensjahre eines Menschen. Wann, unter welchen Umständen, mit wem, unter welchen Folgen hat die Vp die ersten Male in ihrem Leben geraucht? Was hatte sie bereits vorher vom Rauchen gewußt und miterlebt? Wie waren ihre wichtigsten Beziehungspersonen dazu eingestellt? usf. Auf diese Weise bekommen wir einen Einblick in die Entstehungsgeschichte einer Gewohnheit. Wir erfahren, welche Informationen gesammelt wurden, welche eigenen Erfahrungen gemacht wurden, mit welchen anderen Bedürfnisbefriedigungen das Rauchen verknüpft war und ist, in welcher Situation Rauchen welche Funktion übernahm. Im motivationalen Modell wird dies alles allerdings kaum berücksichtigt: es geht allein um das Kennenlernen der Motive. (Die umfassendere Betrachtung ist besonders wichtig für das psychoanalytische Modell (Kap. 10). Im Motivationsmodell wird das genetische Interview lediglich als eine Erkenntnismöglichkeit von Motiven benutzt.)

Genetische Interviews (siehe auch [134]) sind sehr zeitaufwendig. Sie sind nur von Fachleuten durchführbar. Sie sollten für werbliche Ziele nur dann eingesetzt werden, wenn es darum gehen soll, mit werblichen Mitteln ein Motiv zu verändern (vgl. Kap. 10); in unserem Beispiel könnte es z. B. um die Vorbereitung einer Antirauchkampagne gehen. Aber — ohne Werbeleuten den Optimismus nehmen zu wollen — neue, stärkere Befriedigungsmöglichkeiten aufzuzeigen, ist relativ unproblematisch. Motive ändern zu wollen, ist — selbst in der Psychotherapie — ein sehr komplexer Vorgang, der nicht mit dem Aufzeigen von ein paar neuen Informationen, angereichert mit ein paar dramatischen Bildchen abzuwickeln ist.

9.3.5 Unbeachtete Tendenzen

Ein anderes Mittel, Motive genauer kennenzulernen, ist das Anbieten von Testsituationen, in denen wir hoffen können, daß die „unbewußten" (Teile von) Motive(n) sichtbar werden. Zum Beispiel läßt man Sympathiewahlen zwischen Personen, Farben o. a. Objekten durchführten (selektive Testverfahren; z. B. *Szondi-*, *Lüscher*-Test). Oder man bietet Bilder, Textteile o. a. an, die mehrdeutig genug sind, um von der Vp subjektiv gedeutet oder ergänzt zu werden (projektive Testverfahren; z. B. *Rorschach-Test,* TAT). Oder man läßt die Vp aus einem vorgegebenen Repertoire von Formen, Figuren usw. in selbstschöpferischer Weise gestalten (produktive Testverfahren; z. B. Mosaik-,*Wartegg*-Zeichen-Test). Aus Kontrolluntersuchungen ist jeweils bekannt, unter welcher Motivation welche Bevorzugungen zu erwarten sind.

Derartige Testverfahren können eingesetzt werden, um die Motive einer bestimmten Zielgruppe kennenzulernen. Während sie für Einzelpersonen recht unsichere Ergebnisse liefern, scheinen sie für größere Gruppen in statistisch signifikanter Weise Durchschnittstendenzen aufzuzeigen. Die Deutung der jeweiligen Ergebnisse bleibt jedoch recht subjektiv. Erst der Einsatz korrelationsstatistischen Verfahren, vor allem der Faktorenanalyse kann eine höhere Deutungssicherheit vermitteln.

Da diese Testverfahren in Durchführung und Auswertung sehr aufwendig sind, versucht man durch die Verwendung von Testteilen oder sinngemäß formulierten verbalen Statements in der Marktforschung einen Ersatz zu finden, zum Beispiel durch Zuordnungsversuche, projektive Fragen usw. Trotz korrelationsstatistischer Bearbeitung kranken diese Untersuchungen an der zu kleinen Variablenzahl (selten mehr als zehn). Dadurch ist es so gut wie ausgeschlossen, die Indikatorfunktion der Variablen zu prüfen; sie bleibt ganz dem persönlichen Eindruck des Marktforschers überlassen (siehe auch [61], [107], [134] und [155]).

9.4 Komplexität von Motiven

Die Komplexität von Motiven wird in der Anwendung des Motivationsmodells unterschätzt. Es trifft nicht zu, daß sie gegeneinander wohlisoliert sind und deshalb können sie auch keine strenge Hierarchie bilden. Daß man dennoch an dieser Modellvorstellung festhält, hat verschiedene Gründe: Erstens erleichtert sie die Entscheidung für ein bestimmtes Thema. Zweitens ist es anschaulicher, Motive mit sprachlichen Globalbezeichnungen abzudecken und diese dann als undifferenzierte Kräfte zu denken. In Untersuchungen ist es bequem, das gesuchte Motiv und den sprachlichen Hinweis der Vp als identisch zu nehmen. Jedoch überdecken sprachlich formulierte Begründungen eine Vielzahl von Motivteilen, die sich je nach Situation zu unterschiedlichen Motiven organisieren können.

Beispiel: Eine Auskunftsperson wählt als Begründung für ein angestrebtes diszipliniertes Eßverhalten das Statement: „Ich habe den Wunsch, schlanker zu werden.“ Diese Aussage kann jedoch motivational unterschiedlichstes bedeuten:

> Ich habe wegen meiner Dicke einen Mißerfolg gehabt;
> Ich nehme an, daß sie dies gerne von mir hören wollen;
> Ich möchte mich gern leichter bewegen können;
> Ich habe Angst, früher sterben zu müssen;
> Ich befürchte, daß sich mein Freund für eine andere interessiert;
> Ich möchte auch einmal das Gefühl haben, mich dem Partner ganz überlassen zu können (beim Tanz, Geschlechtsverkehr usw.);
> Ich wollte schon immer eine große, schlanke Dame sein;
> In Fragen, die mein Aussehen betreffen, nehme ich prinzipiell meine Freundin zum Vorbild;
> und vieles andere mehr.

Diese spezielleren Begründungen zeigen deutlicher, was wir bei der werblichen Ansprache des Wunsches schlanker zu werden beachten müßten. Doch können wir mit Marktforschungsmethoden diese spezielleren Begründungen (die schon eher an die informationale Struktur von Motiven heranreichen) kaum herauslocken: sie sind meist nur als langfristige, reflektierte Leitlinien erkennbar und stellen in einer direkten Befragung das Selbstwertgefühl zu sehr in Frage.

Das Motivationsmodell lenkt also den Blick auf gegeneinander isolierbare, überwiegend plausible Motoren des Verhaltens, fiktiv zugeordnet den Motiven. Typische empirische Daten, von denen aus mit diesem Modell gedacht wird, lauten: „Den Käufern von X ist ein Text mit dem Argument Bequemlichkeit um 30 % wichtiger, als den Nicht-Käufern ($z_d > 3$)." Bedeutet dies, es ist günstiger bei der Käufergruppe mit „Beuqemlichkeit" zu argumentieren? oder: Ist es Aufgabe der Werbung, für die Nicht-Käufer die Assoziation zu „Bequemlichkeit" zu verstärken? Doch woraus folgt eine Antwort? Weshalb wählten Nicht-Käufer dieses Statement nicht? Hier müßte man z. B. zusätzlich wissen: Wird von ihnen „Bequemlichkeit" interpretiert als eine Verminderung der Anzahl der Handlungsziele, als eine Vereinfachung der Befriedigungsmittel oder nur als symbolischer Ausdruck (z. B. für einen Protest)?

Dann: der Kauf ist in der Untersuchung entweder eine Papierwahl mit zweifelhafter Indikatorfunktion. Oder: es ist ein tatsächlich erfolgter Kauf. Im letzten Falle wird die Zusatzfrage wichtig, ob „Bequemlichkeit" zur Kaufmotivation gehörte oder lediglich eines der vielen Merkmale ist, in der sich Käufer von Nicht-Käufern unterscheiden, so daß es also eine Gruppe (noch unbekannter) vermittelnder Motive oder anderer Bedingungen gibt (Scheinkorrelationen!).

Woher kommt diese so unbefriedigende Situation? Erinnern wir uns an unseren Versuch, die Werbebeeinflussung in einem Flußdiagramm zu veranschaulichen. Mit der Vorstellung von Motiven gehen wir mit einem Modell um, das die gesamte Wegstrecke von der Eingabe der Werbebotschaft bis weit nach dem Kauf abdeckt. Es müßte sich also um ein äußerst komplexes Modell handeln, das Kognition, Planung, Entscheidung u. a. mitumfaßt. Lassen wir dies auf wenige Variablen und Prozentdifferenzen schrumpfen, so bedeutet dies praktisch, daß unsere empirischen Daten Korrelationen zwischen Zeitreihen mit zeitlich verschobenen Meßpunkten sind. Daß dies methodisch unzulässig ist, kann jedem einführenden Statistikbuch entnommen werden. Interessante Versuche, dieser Problematik zu entgehen, begegnen uns in dem Einsatz psychoanalytischer Denkmodelle, deren Entwicklung sich bis auf *F. M. Feller* (1932) zurückverfolgen läßt.

10. PSYCHOANALYTISCHES MODELL

10.1 Grundannahme

Jeder Mensch hat seine Probleme, Konflikte und Schwierigkeiten. Die Aufgabe der Werbung ist es, ihre Werbeziele über die Hilfe bei einer Konfliktlösung zu verwirklichen. Es kommt also in der Werbung darauf an, die jeweils relevanten Konflikte der Zielgruppe aufzudecken, zu erfahren, welche Wiederholungszwänge und Lösungswege besonders häufig in dieser Gruppe vollzogen werden und eine passende Ansprechstrategie zu entwickeln, die aber auch dem Persönlichkeitsbereich, zu dem der Konflikt gehört, angemessen ist.

Diese Grundannahme ist an dem Vorgehen des (vor allem psychoanalytisch orientierten) Psychotherapeuten abgelesen. Auch er operiert naheliegender Weise mit einem Motivationsmodell, wie wir es im vorangegangenen Kapitel besprachen; jedoch mit einem wichtigen Unterschied: Für ihn ist nicht das jeweilige Motiv vorrangig, sondern die Art wie es entstand, wie es wiederkehrt, wie es mit anderen Motiven verbunden ist, welche Konflikte zwischen diesen Motiven bestehen und wie die Konflikte abgewehrt werden. Selbst wenn wir diese Vorgänge stark vereinfacht in Rechnung stellen, kommen wir doch zu einem noch komplexeren Denkmodell als das Motivationsmodell.

In dieser Betrachtungsweise gewinnt das werbepsychologische Denken noch mehr an Lebensnähe. Der Werbefachmann kann sich seinen Kommunikanten als einen lebendigen Menschen vorstellen, mit seiner Vergangenheit, seinen Problemen, irrationalen Vorlieben, sozialen Frustrationen, Positionschancen, Anpassungsstörungen usf. Er kann sich in die Rolle eines Arztes versetzen, der nicht beeinflussen, sondern helfen will [39]. Die Wahl einer Partei, die Eröffnung eines Bankkontos, der Kauf eines Waschautomaten werden — psychoanalytisch interpretiert — zu Lebenshilfen.

Genaugenommen müßte der Werbefachmann, der mit diesem Modell arbeitet, die Psychoanalyse (und einige sozialpsychologische und psychiatrische Kenntnisse dazu) beherrschen, sowohl von der Theorie, als auch von der therapeutischen Technik her. Da dies kaum der Fall sein wird, ist er auf die enge Zusammenarbeit mit dem Psychoanalytiker angewiesen. Dieser wiederum müßte über Marktkenntnisse verfügen, die weit über das bisher Dargestellte hinausgehen. Mit anderen Worten, das Modell kann das Ideal der Grundannahme nur recht grob verwirklichen.

10.2 Modell

10.2.1 Psychoanalytische Beeinflussungsstrategien

Erinnern wir uns an das Beispiel aus dem vorangegangenen Kapitel: „Ich habe den Wunsch, schlanker zu werden." Die hinter diesem Wunsch stehenden Motive könnten von anderen Motiven abgewehrt werden. Oder diese Motive könnten auch andere (als die im Wunsch geäußerten) Befriedigungsmöglichkeiten finden. Eine solche *Abwehr* würde sich in Rechtfertigungen (Rationalisierungen) äußern wie: Ich habe kein Geld, ich habe keine Zeit, ich bin kein junges Mädchen mehr, es paßt nicht zu mir, mein Mann liebt mich dicker u. a. Die formalen Möglichkeiten einer solchen oder anderen Abwehr werden von der Psychoanalyse als sogen. *Abwehrmechanismen* beschrieben [37]: das Motiv verdrängen oder wenn dies nicht geht: an anderen den Wunsch erleben und bekämpfen (Projektion), die Konfliktlösung an anderen miterleben und zur eigenen machen (Identifikation), das Motivziel durch ein anderes ersetzen (Verschiebung), das Motiv im organischen Bereich zum Ausdruck bringen (Konversion) u. a.

Die Art der von einem Motiv bestimmten Reaktion läßt sich prognostizieren, wenn die von der Person früher oder heute immer noch bevorzugte Art der Befriedigung bzw. die sie formende (oder auch unterdrückende) Abwehr bekannt ist. Hier gibt es eine Fülle individueller Möglichkeiten. Stellen wir einen Katalog einfachster Reaktionsmöglichkeiten (ohne Anspruch auf Vollständigkeit) zusammen:

es tun, sofern es neu ist;
schimpfen, aber tun;
darauf achten, daß es zur eigenen Person paßt;
es sich vorstellen und in der Phantasie befriedigen;
es anderen aufdrängen und dort miterleben;
es anderen zuordnen und dort heftig bekämpfen;
einen (symbolischen) Ersatz bevorzugen;
abwarten und sich drängen lassen.

Jede Person zeigt für bestimmte Motive und Handlungsräume für sie typische Häufigkeitsverteilungen über solche Reaktionsmöglichkeiten. So wichtig es wäre, Marktforschungsuntersuchungen sagen uns hierüber meist nichts. Dem Werbefachmann bleibt dann an Hand der ihm gelieferten Ergebnisse nichts anderes übrig, als motivationale Themen wichtig zu nehmen, die noch nicht einmal psychologischen Gruppen zugeordnet sind. Es wäre viel wichtiger für ihn zu wissen, wie seine Ansprechgruppe auf ein Thema am häufigsten reagiert. Die psychoanalytisch orientierte Werbepsychologie stellt ihm deshalb ein (fiktives) Denkmodell zur Verfügung, mit dem er zumindest die häufigsten Reaktions- und folglich auch Beeinflussungsmöglichkeiten überdenken kann.

Dieses Modell verfügt über drei Variablegruppen: Beeinflussungsstrategien, Persönlichkeitsbereiche und Beeinflussungsmittel. Zunächst zu den *Beeinflussungsstrategien*: Sie knüpfen an die wichtigsten Vorgehensweisen von Psychoanalytikern während der therapeutischen Sitzungen an: Dem Patienten zeigen und lernen, wie er angstfrei seine bisher unterdrückten Affekte entspannen kann; die Befürchtungen und Einwände der Patienten analysieren und beruhigen; mit dem Patienten neue Ziele finden und diese zu lebenswichtigen Aufgaben in den Gesamtlebensentwurf integrieren. Dem entsprechend bietet das Modell drei Beeinflussungsstrategien an (vgl. [69, S. 9 ff.]):

kathartische Strategie: entlasten, befreien, befriedigen;
sedative Strategie: beruhigen, dämpfen, unterdrücken;
intensivierende Strategie: verstärken, aufbauen, entwickeln.

	Ich	Über — Ich	Es
kathartische Strategie	*kontrollentlastend* Auto, Möbel etc., die die Rationalität beweisen. Gruppenzugehörigkeit	*normentlastend* karitative Spenden, regelmäßiger Besuch der Kirche	*triebentlastend* Miterleben in: Sport, Literatur, Kino Mitmachen: Sport, Versammlungen
sedative Strategie	*kontrolldämpfend* jede imperative Aufforderung („Nimm ..... ") („Wähle ..... ")	*normdämmpfend* „Gönn Dir was"	*triebdämpfend* Kitsch
intensivierende Strategie	*kontrollstärkend* jede Art von Realinformation	*normverstärkend* Krawattenmuffel, „Du kannst der Nächste sein"	*triebstärkend* jedes konkrete Aufzeigen von Befriedigungsmöglichkeiten. Muß sofort ausführbar sein

Fig. 15: Strategische Situationen des psychoanalytischen Modells

Jede dieser Strategien kann auf Motive aus unterschiedlichen *Persönlichkeitsbereichen* bezogen sein. Hier werden nach dem *Freud*schen Persönlichkeitsmodell drei Bereiche unterschieden:

Ich: kontrollierende, steuernde Motivation;
Über-Ich: normative, moralische Motivation;
Es: triebhafte, lustsuchende Motivation.

Kombinieren wir diese Persönlichkeitsbereiche mit den Beeinflussungsstrategien, so ergeben sich neun strategische Situationen (vgl. Fig. 15). Sie sind, wie die jeweils angedeuteten Beispiele zeigen, isoliert nicht zu finden. Das hängt mit der Tatsache zusammen, daß es nicht möglich ist, genau nur einen Persönlichkeitsbereich anzusprechen. Zum Beispiel werden sich in einer normdämpfenden Ansprache meist auch triebentlastende Aspekte finden. Im Ich-Bereich bedeutet eine sedierende Maßnahme meist auch eine Kontrollentlastung. Die strategischen Situationen haben also idealtypischen Charakter.

Die Strategien bedienen sich identischer *Beeinflussungsmittel.* Beispiele für solche Mittel sind:

Vorführung eines Vorbildes bzw. Leitbildes mit dem Ziel der Identifikation;

vieldeutige Visualisierungen oder Formulierungen, um projektive Reaktionen zu ermöglichen;

symbolische Darstellungen, um Verschiebungsreaktionen zu ermöglichen;

Witz, Humor, Ironie.

Diese Beispiele mögen genügen, um zu zeigen, daß es eine Reihe handwerklich-psychologischer Mittel gibt, mit deren Hilfe jede Strategie verwirklicht werden kann. (Vgl. zu den folgenden Abschnitten neben *V. Packard* (1957) und *E. Dichter* [23] auch [24; 107; 108; 134]).

10.2.2 Kathartische Beeinflussung

Die kathartische Strategie (katharsis = seelische Reinigung; *Aristoteles*) strebt beim Angesprochenen Entlastung und Satisfaktion (Befriedigung) an. Es wird sich dabei in der Werbung in der Regel nur um ungehemmte, lediglich durch äußere Umstände frustrierte Motive handeln, die zur Entlastung anstehen können. Gewiß kann jeder selbst etwas zur Befriedigung solcher Motive unternehmen, etwa: Sport treiben, das Malen eines Bildes, das Schreiben oder Lesen eines Buches oder das Gestalten einer Anzeige (dann allerdings zu Lasten von Auftraggeber und Empfänger). Doch viele Menschen sind nicht reflektiert und einfallsreich genug, um in ihrer Freizeitbeschäftigung gezielt geeignete Befriedigungen zu wählen.

In dieser Situation ist es strategisches Mittel der kathartisch geplanten Werbung, Befriedigungsmöglichkeiten vorzugeben und gleichzeitig mit diesen ihre Objekte, Produkte, Ideen, Leistungen zu koppeln. Im Umgang mit dem Werbegegenstand *können* dann entsprechende Motive mitbefriedigt werden.

Oft sind es nicht einzelne Motive, sondern angestrebte umfassende Daseinsformen und Persönlichkeitsideale, die zur Verwirklichung anstehen. (In der triebentlastenden Situation wäre ein solches Ideal dem Kommunikanten nicht bewußt. Der Werbepsychologe müßte erst aus seinen Konflikten erschließen, welches Persönlichkeitsideal eine [konfliktvermindernde] Zielmöglichkeit abgeben könnte.) Es soll nun zweckmäßig sein, durch eine Profilierung des Werbegegenstandes (Produkt, Partei) zu einer Idealpersönlichkeit eine Entlastungsmöglichkeit zu bieten (vgl. 8.2.2). Der Werbegegenstand wird also zu einem symbolischen Leitbild (konkretes Vorbild) gestaltet (z. B. Peter Stuyvesant). Ist die Persönlichkeitsstruktur des Kommunikanten bekannt, so sollen seine Entscheidungen gemäß dieser symbolischen Leitbilder voraussagbar sein. Wir halten diese Prognose für nicht ganz so sicher, denn oft genug werden Wahlen auch nach dem Ergänzungsbild erfolgen; hinzu kommen sicher eine Reihe weiterer Wahldeterminanten, wie z. B. der angestrebte Status.

Hier wird dem Leser deutlich geworden sein, daß einunddasselbe werbliche Vorgehen, von unterschiedlichen Modellen gedeutet werden kann. Die Image-Werbung kann zum Beispiel als eine entlastende stark vorsymbolische Profilierung verstanden werden.

Weitere Möglichkeiten der Entlastung ergeben sich mit dem werblichen Angebot von Symbolen. Gängige Symbolisierungen in Werbemaßnahmen sind: Statuszeichen, Gruppenkleidungen, Uniformen, Fahnen, soziale Belohnungen, prägnante soziale Rollen u. a. Ihnen sehr nahe stehen Möglichkeiten der sprachlichen Befriedigung: semantische Spielereien, Eitelkeitspresse, Leserbriefe, Diskussionen, Aufmärsche mit Spruchbändern, Mitsprechen, Mitsingen. Vieles davon dient der Findung sozialer Sicherheit und Integrität und damit der Hebung des Selbstwertgefühls.

Eine weitere Möglichkeit der Entlastung sieht man im Abwehrmechanismus der *Regression* [21]. Entsprechende Entrükkungserlebnisse erhofft man durch traumartige Visualisierungen zu ermöglichen. Der Kommunikant soll in eine imaginative, vom Realitätsdruck entlastete Welt fliehen können. Solche Befriedigungschancen enthalten nicht nur die kleinen Illusionen des Alltags, sondern auch die Utopien politischer und religiöser Art. Ihre Ideen und Bilder bieten oft zusätzlich projektive Entlastungsmöglichkeiten: z. B. mit offenen Formulierungen, undeutlichen oder stark idealisierten Darstellungen. Aber auch Tier- und Zeichentrickfiguren unterstützen Projektionen. In der Wirtschaftswerbung werden gerne sexuelle Entlastungsphantasien mit regressivem Charakter geboten; z. B. in der geschlechtstypischen Interpretation von Produkten. Jedoch werden hierbei häufig nur neue Befriedigungsmittel oder -ziele gezeigt und so die Motivation zu intensivieren gesucht; wir werden deshalb bei der Diskussion der intensivierenden Beeinflussung hierauf zurückkommen.

10.2.3 Sedative Beeinflussung

Außerhalb des sprachlich-symbolischen Bereichs sind suggestive, *kontrolldämpfende Strategien* seit alters her gängig: Tanzen, Alkohol trinken, Rausch- und Suchtmittel, rote Beleuchtung, Weihrauch, Rituale, beeindruckende Aufmachung. Alle diese Mittel wirken kontrolldämpfend. Im sprachlichen Bereich kommen hinzu: Pompöse, verschnörkelte, aber auch sich wiederholende, monotone und stereotype Sprechweisen.

Doch vor allem, wenn beim Angesprochenen ein starkes Bedürfnis zur Kontrollentlastung besteht, soll es nach dem psychoanalytischen Modell möglich sein, für ihn die Kontrolle zu übernehmen: Nach einem redundanzfreien Überangebot an Information wird ihm imperativ der Handlungsweg gewierung der Idee in fremde Zusammenhänge (Politisches in einem sen: Patentlösungen, Rationalisierungen, aber auch Einlage-Mathematikbuch).

Wesentlich weniger Erfolg versprechen *triebdämpfende Strategien.* Denn sie benötigen die volle Unterstützung des normativen Systems der Gesellschaft. Deshalb ist diese Strategie nur dort anwendbar, wo bereits Triebbereiche eingeschränkt, gedämpft oder gar geleugnet werden. In unserer Gesellschaft sind es diejenigen Triebbereiche, die der Fähigkeitsentwicklung, der Leistungskontrolle und dem Leben auf engem Raum im Wege stehen.

Die Triebdämpfung wird am ehesten durch das geleistet, was man Kitsch nennt: In ihm werden alle triebstimulierenden Objekte beseitigt, bemäntelt oder als lieblich, edel verklärt. Damit wird ein leistungsbetontes Verhalten möglich, da leichter erreichbare Lustquellen zugedeckt sind. Hier bietet die Werbung im Zusammenhang mit ihren Gegenständen entsprechende Kitschmäntel an.

Aufgabe *normdämpfender Strategien* ist die Beschwichtigung (evtl. Aufhebung) von Schuldgefühlen, Befürchtungen, Ängsten, Einsamkeitsgefühlen. Es geht hier also um eine Aufgabe, die ein häufiges psychotherapeutisches Anliegen ist. Es kann deshalb nicht verwundern, daß die normdämpfende Strategie von einem Psychoanalytiker auf die Werbung übertragen wurde: *E. Dichter* [23] hält das Nichtzuwenden einem Angebot gegenüber für den Angelpunkt jeder werblichen Überlegung. Das Nichtzuwenden interpretiert er nicht nur als eine Folge mangelnder Informiertheit, sondern auch als eine Auswirkung (oft unbewußter) Konflikte und Hemmungen. Vor allem die hemmende Wirkung von Über-Ich-Motiven gilt es werblich zu vermindern.

Die beiden Werbeformeln: „Gönn Dir was“ und „Mach's Dir leicht“ deuten die beiden wichtigsten Richtungen normdämpfender Appelle an: nämlich gegen

— Schuldgefühle, die gegenüber infantilen Ansprüchen (Riesenansprüche) und

— Schuldgefühle, die gegenüber sozialer Passivität (Bequemlichkeit) bestehen.

In der Kindheit wurden diese Hemmungen sicher zu Recht als Anpassung an die gesellschaftliche Realität aufgebaut. Jetzt sollen sie von der Werbung gegenüber leistungsfreien, individuellen Lebensbereichen gedämpft werden. Ungeklärt ist übrigens wie weit generalisierte Hemmungen tatsächlich nur partiell, also folgenfrei für die Gesellschaft gedämpft werden können.

Weitere Befürchtungen, die sedierend beeinflußt werden können, sind:

— der Gesundheit zu schaden und früh sterben zu müssen,
— der Geschlechtsrolle oder anderen Rollen nicht ausreichend zu entsprechen (Identitätsproblem),
— nicht bestätigt zu werden (zu dick, zu jung, zu alt zu sein) und in Isolation zu geraten,
— nicht perfekt genug zu sein, nicht genug zu leisten und Minderwertigkeitsgefühle zu haben,
— in unüberschaubaren Situationen mit Scham, Zweifel und Unselbständigkeit zu reagieren.

Um die Ich-Abwehr mit der sedierenden Nachricht nicht zu alarmieren, sollte man die Befürchtung nur von ihrer positiven Seite her ansprechen. In der Werbenachricht sollten also die Anlässe und Objekte der Befürchtung möglichst nicht genannt werden (vgl. Kap. 3).

Häufig beruht der Widerwille gegen ein werbliches Angebot nicht nur auf den genetisch älteren Teilen des Über-Ichs, sondern auf später einregulierten Vorurteilen, Stereotypen und Fehleinstellungen. In diesen Fällen ist die Änderung der Vorstellungen vor allem ein Problem der Einstellungsänderung (Kap. 7) und der Imagestrategie (Kap. 8).

10.2.4 Intensivierende Beeinflussung

Alfred Adler hat sich im Gegensatz zu *S. Freud* in seiner psychotherapeutischen Technik vor allem um eine Stärkung des Über-Ichs bemüht. Jedoch ist auch diese Technik uralt und

Praxis jeder traditionsgelenkten Institution. Die gleiche Strategie der Intensivierung ist aber auch für jede andere Motivgruppe — nämlich des Es und des Ichs — vorstellbar.

In der Psychopathologie begegnet uns die *Intensivierung der Steuerung und Kontrolle* als Realitätsleugnung, als Vergrößerung der zwischenmenschlichen Distanz und als triebabhängige Erwartungsintensivierung. Beim psychisch Gesunden steigt die Kontrollfunktion des Ichs nach Vermittlung genauerer Sach- und Verhaltensinformationen. Die an sich selbst beobachtbare Unsicherheitsphase beim Lernen von Fertigkeiten signalisiert z. B. die vorübergehend überstarke Verhaltenskontrolle. Wenn diese zeitweilige Unsicherheit unerträglich ist, beschränkt man sich gerne auf das bestehende, gewohnte Wissen. Selbst Gruppen, die sich als progressiv verstehen, weichen Informationen aus, die sich nicht störungsfrei in ihre jeweilige Ideologie einbauen lassen. Diese Vogelstraußpolitik garantiert Gefühle der Selbstsicherheit. Daher beobachten wir allemal und nicht am geringsten gegenüber der Werbung eine Abwehr von neuartigen Informationen. Der Psychotherapeut, der Lehrer, der Pfarrer bedienen sich deshalb eines Druckmittels: ihre Ansprechgruppen können nicht fortlaufen, sie müssen zuhören. Eventuell kann auch der von einer Gruppenmeinung oder einer Rollenerwartung ausgehende Druck eine wirksame Voraussetzung zur Informationsaufnahme abgeben.

Ob das Erzeugen von Angst eine günstige Voraussetzung ist, ist nicht einwandfrei geklärt. Es scheint so, daß die Überschaubarkeit und Konkretheit des Angstanlasses eine positive Bedeutung für die Informationsaufnahme hat.

Mit den angedeuteten Schwierigkeiten, eine Informationsaufnahme zu begünstigen, hängt der uns alle ärgernde naiv-aufdringliche Stil vieler Werbebotschaften zusammen. Mit dem Senden vieler gewohnter, erhoffter, selbstverständlicher Nachrichten steigt die Chance, dazwischen auch eine neuartige Information vermitteln zu können. Im übrigen wird eine Kontrollverstärkung seltenes Anliegen der Werbung sein.

Die *Intensivierung der normativen Steuerung* wird meist über die Schaffung normativer Identifikationsmöglichkeiten, deren Befolgung sodann von der Gruppe kontrolliert wird, zu erreichen versucht. Da es sich um eine allgemein wichtige Ansprechtechnik handelt, kommen wir unten genauer auf das Problem der Identifikation zurück.

Eine vor allem politische Möglichkeit zur Intensivierung der normativen Steuerung liegt in der Schaffung einer stabilen Rangordnung in der Gruppe. Diese kann als eine endgültige Hierarchie vorgegeben sein, von der dem einzelnen nur bestimmte Abschnitte zugänglich sind und denen er sich anzupassen hat. Oder aber der Status kann stärker von der eigenen Initiative abhängig gemacht werden; dies gilt zum Beispiel für den sogenannten Konsumstatus. Dieser ist kaum mit solchen Institutionen vereinbar, die endgültige Ordnungen postulieren oder ein starkes kritikloses Engagement verlangen.

Eine weitere in der Werbung leichter zu realisierende Möglichkeit liegt im Lächerlichmachen der Nichtbefolgung einer Norm. Eine beispielhafte Werbekampagne für diese Strategie ist der Krawattenmuffel. Ein solches werbliches Vorgehen kann aber auch ins Gegenteil umschlagen, wenn das Lächerlichmachen von einer Gruppe nicht akzeptiert wird. Hier wird es zu einer Reaktionsbildung kommen, die nun den Krawattenträger als lächerlich erscheinen läßt.

Wir sollten uns in der Werbung darüber im klaren sein, daß normatives Verhalten immer auch Sicherheitsbedürfnisse und den Wunsch nach konservativem Verharren mitbefriedigt. Damit stabilisiert sich aber zugleich eine Haltung, die als starke Barriere jede werbliche Beeinflussung blockiert.

Die *Trieb- und Konfliktintensivierung* gelingt durch eine Erhöhung des Aufforderungscharakters des Werbegegenstandes (sogen. Emotionalisierung): er wird so gestaltet, daß man zupacken, essen usw. möchte. Es ist naheliegend, daß diese Strategie für den Verpackungsgestalter von Interesse ist. In Selbstbedienungsläden konkurrieren Packungen untereinander. Sind Käufe nur ungefähr oder gar nicht geplant, so wird die Aufforderungsstärke der Packung werblich vorrangig.

J. Vicary hatte folgende Vorstellung vom Kaufverhalten im Selbstbedienungsladen: es werde rascher gekauft, dadurch bestehe beim Käufer eine größere innere Spannung, diese erzeuge wieder eine größere Zahl von ungeplanten Käufen. Diese Modellvorstellung prüfte er durch eine laufende Messung der Lidschlagzahl pro Minute während des Einkaufs. Das Untersuchungsergebnis widersprach seiner Annahme: denn kurz nach dem Betreten des Geschäfts fällt die Lidschlagzahl, bleibt während des Kaufs niedrig und steigt erst gegen Ende des Kaufs an der Kasse an. Zwei psychische Faktoren werden wahrscheinlich nebeneinander dieses Ablaufsbild erzeugen: die Kaufgewohnheit (es erfolgt während des Kaufs kein störender Eingriff von außen) und eine Art Trancezustand, in den man während des Kaufs hineingerät.

Vicary legt auf den zweiten Faktor besonderen Wert und meint, daß er eine emotionalisierende Packungsgestaltung rechtfertige. Die Packungen müßten „Symbole mit Entrückungswert" anbieten: nicht Pilze, sondern ihr Schmoren in Butter; nicht Steaks, sondern ihr Brutzeln in der Pfanne.

Aber auch die Produktdarstellung in Anzeigen sollten den Gegenstand griffbereit zeigen. Die Farben und Formen sollten nach dieser Auffassung überrealistisch (dem Stereotyp entsprechend) herausgearbeitet sein. Entsprechend sollte auch der produktbeschreibende Text einzelne markante Aspekte betonen, eventuell in anschaulichen Analogien. Dies alles erhöht zugleich die Orientierungsmöglichkeiten für den Angesprochenen.

Ein besonderes Problem der Triebintensivierung bildet die *Stimulierung sexueller Bedürfnisse*. Denn ihre Intensivierung hat in den seltensten Fällen in dem Anliegen der Werbebotschaft ihre direkte Begründung. Es sei denn, man beruft sich auf die Tatsache, daß Konflikte sexuelle Reaktionen (zu ihrer Abwehr) stimulieren (*W. H. Gantt* (1938)). Eine weitere Rechtfertigung könnte darin liegen, daß die Sexualität ein Austragungsbereich für fast alle Motive sein kann. Hinzu kommt schließlich, daß es sich um den Lebensbereich handelt, der auch heute noch vielen Beschränkungen und Tabus ausgesetzt ist.

Die Erotisierung von Produkten hat eine besondere Geschichte: Anfänglich waren sexuelle Motive nur Blickfang. Sie waren wenig geeignet, eine Abhebung von der Konkurrenz und eine Kundenbindung zu leisten. Erst nach dem zweiten Weltkrieg differenziert sich das Bild. Zunächst sind es noch sachfremde Szenerien, dann aber wird Sexuelles zunehmend als ein Austragungsbereich für andere Motivationen (z. B. Zärtlichkeit, Bestätigung, Dominanz, Emanzipation) erkannt und angesprochen. Damit bekommen sexuelle Darstellungen vorwiegend entlastende und nur noch seltener intensivierende Aufgaben in der Werbebotschaft.

Für den Werbegestalter ist es wichtig zu wissen, daß die möglichen Objekte einer liebend bestätigenden Zuwendung — lassen wir das Kleinkind einmal außerhalb der Betrachtung — folgende Rangreihe bilden:

- — sich selbst lieben, wichtig nehmen, für schön, stark, unfehlbar o. a. halten,
- — Beifall des eigenen Geschlechts suchen, vor allem in der Befolgung und im Erfolg der Rollenerwartungen,
- — Bestätigung, Bewunderung, begehrenswert sein für das andere Geschlecht.

Diese Rangreihe hat sicherlich mehrere genetische Bedingungen. Die wichtigste ergibt sich mit der Möglichkeit, Erfahrungen zu sammeln. Sie ist am größten in der ersten Position. Damit nimmt zu 3 hin das subjektive zwischenmenschliche Risiko zu. Umgekehrt nimmt die Häufigkeit der erlebbaren positiven und negativen Bestätigungen zu 3 hin ab, Wünschbares und Erhofftes nimmt zu. Für den einzelnen kann je nach Familien- und vor allem Geschwisterkonstellation die Reihenfolge anders aussehen. Doch kann in einer durchschnittlichen Betrachtung gesagt werden, daß es nicht zweckmäßig ist, den Verbraucher so anzusprechen, als würde er sexuelle Stimulierung und Bewunderung nur beim anderen Geschlecht suchen (auch wenn es soziale Normen so vorschreiben).

10.3 Nachahmung und Identifikation

Die einzelnen psychoanalytischen Strategien lassen sich mit den unterschiedlichsten psychologischen Hilfsmitteln und Techniken verwirklichen. Die wichtigste, weil gestalterisch kaum zu entbehrende Gruppe solcher Techniken ergibt sich mit der Darstellung von Personen. Sie umfaßt Sachverhalte wie: Nachahmung, Vorbild, Identifikation, Leitbild, Introjektion.

Diese Sachverhalte wurden in der ersten psychologischen Theorie der Werbung als einzig wirksame Kraft gesehen (vgl. 5.2.1). *K. Marbe* nahm an, daß die Werbewirkung auf einer Ansprache des Nachahmungstriebes beruhe, der eine allgemein verbreitete Anpassung an die Masse bewirke. Die Grundlagen zu dieser Nachahmungstheorie finden sich bereits wesentlich früher in der Soziologie. Heute bevorzugt diese Wissenschaft den Begriff der Internalisierung. Er ist etwa deckungsgleich mit den psychoanalytischen Ausdrücken Identifikation und Introjektion.

S. Freud hatte die Aufmerksamkeit auf die Rolle der Identifikation in der frühen Kindheit gelenkt. Dort wie auch später stellt sie eine Antwort auf fordernde und frustrierende soziale Dauersituationen dar: die Gewöhnung und die Entwöhnung von den je altersentsprechenden Befriedigungsmöglichkeiten und den sozialen Rollen, die Ansprüche und Forderungen der Eltern und Geschwister, Personengewinne und -verluste u. a. Die dabei auftretenden negativen Erlebnisse, wie Angst, Depression, Schuldgefühle werden zugunsten einer Einfügung in die Gemeinschaft, vor allem um Liebesentzug zu vermeiden, in Kauf genommen. Dabei etabliert sich eine innere Verhaltenskontrolle (Über-Ich). Sie kann interpretiert werden als die Introjektion der belohnenden, bestätigenden, aber auch frustrierenden, strafenden Instanz. Dabei kommt es zur Schaffung von Identität, Selbstidealen und Frustrationstoleranz.

Die Introjektion bereitet auf die Bewältigung von Rollen, Funktionen, Aufgaben in späteren formellen Organisationen und informellen Gruppen vor: z. B. auf die Elternrolle, auf Gruppenrollen, auf Trägerrollen besonderer Fertigkeiten, aber auch auf die Bewältigung problematischer, konflikthafter oder rivalisierender Situationen. Das in der Kindheit geübte Identifizieren und Introjizieren ist dabei weiterhin eine wichtige Hilfe. Allerdings haben wir gelernt, bestimmte Personenmerkmale und -handlungen als Identifikationsobjekte zu bevorzugen oder zu meiden. Hinzu kommen aktuelle Motive, die diese Einstellungen stützen oder situationstypisch verändern.

Wenn in der Werbung Vorbilder benutzt werden sollen, so muß folgendes beachtet werden:

1. Die gewählten Vorbilder müssen den bestehenden Einstellungen zu Identifikationsobjekten entsprechen;

2. die Vorbilder müssen miterlebbare Handlungen zeigen;

3. es muß im Augenblick eine Situation bestehen, die man gelerntermaßen mit Identifikation löst;

4. unsere werblichen Mittel reichen bestenfalls aus, um eine Identifikation, nicht dagegen um eine Introjektion auszulösen, ob diese zustande kommt, ist eine Frage außerwerblicher Umstände.

Die Art des bevorzugten Vorbildes zeigt nicht nur individuelle Variationen, die wir beachten müssen, sondern variiert auch mit der Kultur, der Generation und vor allem der Bezugsgruppe. Sehen wir uns die Gruppenbesonderheit von Identifikation und Vorbild an der sogen. außengelenkten Gesellschaft (*D. Riesman* 1950) an, denn gerade bei ihr können wir nicht die Existenz dauerhafter, sich gleichbleibender Vorbilder voraussetzen:

Während der innengelenkte Mensch seiner Vorbilder nur in Krisenzeiten bedarf (Kindheit, Pubertät, Klimakterium, gesellschaftliche Krisen u. a.), hat der Außengelenkte ohne aktuelle Vorbilder Entscheidungsschwierigkeiten, er ist ängstlich und selbstunsicher [1; 74; 145]. Seine Vorbilder kommen zu ihm ins Haus durch Presse, Warenhauskataloge, Radio, Fernsehen usw. Der Außengelenkte (aber auch sein Vorbild) muß frühzeitig ein großes Geschick in der Beachtung des Gruppengeschmacks gelernt haben. Er muß gelernt haben, intimste Erlebnisse und Vorstellungen öffentlich mitzuteilen und zu diskutieren. So ist eine enge Kommunikation gewährleistet, die Kontakt und Vertrauen schaffen soll. Noch stärker wird dies vom Vorbild erwartet. Die verinnerlichte, starre Etikette der innengelenkten Gesellschaft ist von einem rasch veränderbaren, vom Vorbild demonstrierten Verbrauchergeschmack abgelöst. Dieser legt vor allem Kommunikationsmuster zwischen Statusrollen fest und gibt die Möglichkeit, den anderen zu beurteilen. An Stelle von Höflichkeiten werden Konsumkenntnisse ausgetauscht und die Übereinstimmung fertiger Beurteilungsmuster geprüft: Je nach Alter und Geschlecht geht es um Roller, Autos, Mode, Schlager, Reiseziele, Literatur, Tennis, Film usw. Dies ist notwendig, um zu überprüfen, ob die die eigene Anpassung an die Gruppe kontrollierende „Radarausrüstung" noch im Sinne der Bezugsgruppe funktioniert. Denn ständig muß der Außengelenkte dem Verdacht entgehen, anders zu sein als die anderen. Selbst „Individualität" wird nach einer vorgefertigten, Schablone, meist von einem Vorbild kreiert, dargestellt. Der „Diktatur des Man" muß sich also auch das Vorbild unterwerfen, wenn es zum begehrten Leitbild werden will.

Auch unser Zusammenleben bekommt zunehmend die Züge der außengelenkten Gesellschaft. An die Stelle grob unterschiedener Statusgruppen treten immer feinere und vielfältigere sozial unterscheidende Merkmale. Es sind oft oberflächlichste, meist den Verbrauch betreffende Unterschiede. Jeder von uns muß deshalb winzige Details beachten und kennenlernen (sogen. Sozialisierung des Geschmacks); unsere Kinder sind uns bereits weit überlegen. Private Interessen sind eher störend, es sei denn, es sind auch die Interessen anderer.

Alles bekommt einen Verkaufswert, selbst die eigene Person (Marktcharakter; *E. Fromm*). Alles wird konsumiert, gleich ob es Seife, Theaterstücke, Berge oder Universitäten sind. Das Vorbild muß in dieser Welt ein Konsumspezialist sein. Ihn zieht man ständig zum Vergleich heran. Er setzt den Maßstab. Mittlere individuelle Begabungen resignieren (z. B. Hausmusik). Nicht Leistungs- oder Lebensentwürfe, sondern funktionslose Äußerlichkeiten werden nachgemacht, wenn sie nur Beliebtheit und Popularität garantieren. Für den Konsumenten, wie auch scheinbar für das Vorbild, kommt es nicht darauf an, ein Instrument spielen zu können, ein Wissenschaftler zu sein, als Hausfrau der Familie vorzustehen, sondern die richtige Meinung, den richtigen Geschmack muß man haben, mit der Bezugsgruppe muß man übereinstimmen und eine soziale Rolle muß man ausfüllen, die sich möglichst leicht und erfolgreich verkaufen läßt.

Betrachten wir die Vorbilder unserer Zeit, so stellen sie sich meist als jugendlich, schön, vital und individualistisch dar, aber niemals als klug, leistungsbetont oder gar berechnend (man darf es von ihnen nur nebenbei wissen). Das Vorbild sollte Schwächen erkennen lassen. Eine dieser Schwächen sollte es sein, zu keinen Konzessionen bereit zu sein. Er sollte oberflächlicher sprechen als handeln. Man muß auch mal Mitleid mit ihm haben können. Die Situationen, in denen er sich bewähren muß, sollten ab und zu traurig und ungerecht scheinen („so geht es einem selbst").

Häufige Konflikte, zu deren Lösung ein Vorbild herangezogen wird, gehen aus Entscheidungsschwierigkeiten hervor: z. B. zwischen unterschiedlichen Realisierungsmöglichkeiten der Alters- und Geschlechtsrollen oder zwischen differierenden Lebensthemen wie Selbständigkeit oder Geborgenheit, zwischen Abenteuer oder Sicherheit, zwischen Privatleben oder Berufserfolg, zwischen Leistungsqualität oder erfolgreicher Durchsetzung usw. Oder es soll eine Furcht bewältigt werden z. B. vor Bestätigungsverlust, vor dem Verlust eines Menschen, vor der Gefahr, kein Erfolg zu sein, sich schuldig zu fühlen, einer institutionellen Bindung nicht zu genügen usw. In einfacheren Fällen kann es auch der Wunsch nach einem Gegenstand, nach einem Partner, nach einem Kind, nach Selbstsicherheit oder auch nach Freiheit von Pflichten sein.

Während das Alter eines Vorbildes in der Regel bereichsabhängig ist, lassen sich über die Auswirkung der Geschlechtszugehörigkeit ein paar Einzelheiten mitteilen: So weiß man, daß im Gespräch Frauen wirksamer gegenüber Männern, dagegen Männer wirksamer gegenüber Frauen sind. Weiter sind Frauen (und auch Laien) wirksamer, wenn vorsymbolische Mitteilungen gemacht werden müssen (z. B. „es schmeckt gut"). Dagegen sind Männer (wie auch Fachexpertinnen) wirksamer, wenn es auf die Vermittlung von Fachaussagen ankommt.

Die sprachlichen Äußerungen von Vorbildern sollten dem Konsumenten projektive Ausdeutungen zulassen. Möglichkeiten zur projektiven Ergänzung und Auslegung geben vor allem vorsymbolische Äußerungen oder sehr allgemeine, abstrakte Ausdrücke (z. B. in der politischen Werbung). Aber auch die unvollständige Schilderung von Sachverhalten ermöglicht Projektionen; ausgeprägt ist diese Darstellungstechnik bei *E. Hemmingway* zu finden. Es bleiben beim Empfänger Verständnislücken, die unbemerkt, wie selbstverständlich von Wünschen, Erwartungen, Befürchtungen ausgefüllt werden. Sinngemäß kann diese Technik auch bei der Schilderung oder Visualisierung des Vorbildes selbst eingesetzt werden. Eine von hinten oder nur zum Teil gezeigte Person gibt die Möglichkeit, sie erwartungsgemäß (evtl. negativ!) zu sehen.

Werbliche Vorbilder sollten ihre Leser oder Zuhörer möglichst persönlich ansprechen. Ein Rückbezug auf die eigene Person oder Institution (Firma) sollte vermieden werden. Formulierungen wie „wir", „uns", „man" sind kein akzeptabler Ersatz; selten macht das Berufsstereotyp des Vorbildes solche Formulierungen wünschenswert.

An dieser Stelle sei noch einmal erwähnt, daß der Opinion leader weniger ein Vorbild darstellt, als eine Informationsquelle für die Mitglieder seiner Gruppe. In Meinungs- und Leistungsfragen wird er eher nachgeahmt, als man sich mit ihm identifiziert.

Schließlich noch ein paar Bemerkungen zum witzigen oder *komischen Vorbild*. Wohl funktioniert ein Witz nur dann, wenn sich der Kommunikant mit dem Helden (vorübergehend) identifizieren kann. Aber niemals darf dabei der Angesprochene selbst Gegenstand des Witzes sein. Gewiß halten wir ihm mit dem Witz einen Spiegel vor, aber er muß entscheiden können, ob er die Witzfigur sein will oder nicht (z. B. HB-Werbung). Jeder werbliche Witz, Humor, Komik sollte seiner Tendenz, seinem Inhalt, aber auch seiner Gestaltung nach für den Empfänger entlastend sein, mindestens aber als angenehm stimulierend empfunden werden (zu den Techniken des Witzes siehe *S. Freud*, Gesammelte Werke, Bd. VI. Berlin 1940). Im Augenblick des Erkennens der Pointe bestehen günstige Lernbedingungen. Deshalb muß das zu Lernende direkt mit der Pointe des Witzes verbunden sein. Wir müssen uns also fragen, ob unser Werbegegenstand eine solche Verbindung verträgt. Der Werbefachmann sollte sich darüber im klaren sein, daß der Witz in den seltensten Fällen eine Handlungsaufforderung enthält. Durch die Witzfigur kommt es zu keiner Internalisierung einer Verhaltensweise oder einer Reaktionsmöglichkeit. Vielmehr werden nur Namen, kurze Sätze u. ä. eingeprägt und das Image des Werbegegenstandes geformt.

10.4 Methoden

Der werbliche Einsatz des psychoanalytischen Denkmodells setzt — wir sagten es schon — die Verfügbarkeit dreier empirischer Datengruppen voraus:

1. Themen, Ziele von Motiven
2. Entstehung und Stellung der Motive im Persönlichkeitssystem
3. Wiederholungszwänge und Beeinflussung (Abwehr) der Motive durch andere Motive.

Diese Daten sind durch die selben Methoden erreichbar, die wir in 9.3 kennenlernten. Da im psychoanalytischen Modell das Zusammenspiel und mithin die Genese der Motive stark betont wird, liegt das Schwergewicht der Untersuchungen bei Verfahren, die uns möglichst viele Daten aus dem Leben einer (meist kleineren) Anzahl von Personen liefern. Dies ist vor allen anderen Verfahren die *Fallstudie* (vgl. 9.3.4 und [9]).

Die Fallstudie stellt eine Art psychiatrisches Interview dar. Sie wird von einem Fachmann meist in mehreren Sitzungen durchgeführt. Sie hat weniger den Charakter einer kriminalistischen Befragung als den einer psychotherapeutischen Sitzung. Sie sollte in der Tat für die Vp immer auch eine Lebenshilfe sein und ihr die Chance einräumen, sich selbst etwas besser kennenzulernen.

Das eigentliche Vorgehen während des Interviews unterscheidet sich nicht von einer psychoanalytischen Sitzung. Man wird allerdings auf die liegende Stellung der Vp verzichten. Der Interviewer wird stärker auf die Datensammlung konzentriert sein, ohne daß dies der Vp deutlich werden muß. Deutungen werden kaum ausgesprochen. Aber sonst finden sich keine Unterschiede. Die Gesprächstechnik hier zu schildern würde zu weit führen. Der interessierte Leser mag sich zunächst in zwei älteren Schriften weiterorientieren: [116] und [142].

Die gewünschten Daten sind stark von dem Untersuchungsgegenstand abhängig. Aber zusätzlich werden meist Daten folgender Art von Interesse sein:

- — Daten zur Person (Geschlecht, Alter, Beruf, Konfession usw.),
- — Erscheinung der Vp (Kleidung, Formulierungsart, Gestik, Mimik),
- — Affektives Verhalten der Vp (Stimmung, Affekte, Konflikte, Triebprävalenzen, Selbstwertgefühl),
- — Kognitives Verhalten (Argumentation, Intelligenz, Begabungen),
- — Kontaktverhalten (aktuelles Kontaktverhalten, familiäre Kontakte, Freundschaften, Berufskontakte, Feindschaften, Kontakttechniken).
- — Kindheit (Eltern, Geschwister, andere Beziehungspersonen, Erziehung, Spiele, Krankheiten, Probleme),
- — Schule, Ausbildung, Beruf (Leistungen, Lieblingsfächer, „schwache" Fächer, besondere Ereignisse, Idealberuf),
- — Freizeitverhalten (Hobbies, Freizeitgestaltung, Ehe, Eßgewohnheiten, Vereine, Reisen, weltanschauliche Interessen, kulturelle Interessen, Konsumeigenarten u. a.),
- — Gestörtheit (Krankheit, neurotische Störungen, Verwahrlosung, Perversionen, Sucht u. a.).

10.5 Umkehrbarkeits-Hypothese und fehlende operationale Strategiefindung als Schwächen des Modells

Bereits bei der Skizzierung der Grundannahme hatten wir einige Bedenken geäußert. Hier seien zunächst ein paar wichtige Fragen gestellt, die u. E. geklärt werden müßten, bevor man dieses Modell anwendet:

Ist das werblich angezielte Verhalten des Kommunikanten nicht so stark von absichtlich geplanten Entscheidungen begleitet, daß gerade diese vorrangig dem Gestalter mitgeteilt werden müßten? Gewiß kann man einwenden, daß auch jeder bewußte Teil eines Handlungsvollzuges den von der Psychoanalyse beschriebenen Vorgängen folgt. Nur würde es für die Gestaltung der Werbebotschaften konsequenzenreich sein, wenn der Gestalter wüßte, daß die ihm mitgeteilten Vorgänge auch eine bewußt geplante, als willentlich oder wohl begründet erlebte Seite haben, mit deren Erlebnisinhalten er in Deckung bleiben muß.

Auf welche Weise lassen sich (unbewußte) Motive, Motivkonflikte, Abwehrvorgänge ansprechen? Im psychotherapeutischen Raum ist es ein Sprachproblem. Wir vermitteln dem Patienten schrittweise Bezeichnungen und kognitive Sichtweisen, die es ihm ermöglichen, neue Handlungsziele und Unterlassungen in Angriff zunehmen. Diese Methode ist in den Werberaum nicht ohne weiteres transponierbar. Statt dessen wird angenommen, daß man sich nur auf die Weise mitzuteilen braucht, wie das Unbewußte auch sonst zum Ausdruck kommt, also zum Beispiel in Traumszenerien, in der Wahl symbolischer Objekte, in Persönlichkeitseigenarten, die symptomatischen Charakter haben. Es ist aber ein fundamentaler Unterschied, ob eine Person selbst die Äußerungsformen produziert oder ob ihr diese Äußerungsformen als Kommuniqué vorgeführt werden (*Umkehrbarkeits-Hypothese*). Der Werbefachmann scheint uns schlecht beraten, dem vorgemacht wird, er könne auf solche Weise erfolgversprechende Botschaften formulieren. Der Nachweis für eine solche Effektivität fehlt.

Sodann: Auf welche Weise kann die optimale Beeinflussungsstrategie gewählt werden? Hierzu müßte es verläßliche und vor allem valide Verfahren geben, die uns zum Beispiel einwandfrei zeigen: in diesem Falle besteht ein Konflikt der und der Art und es wird am häufigsten akzeptiert, wenn die Konfliktkomponente XY sediert wird. Solche Informationen aber fehlen bzw. sie können nur auf sehr spekulative Weise aus einem Material erschlossen werden, das auch anderer Auslegungen fähig ist.

Damit stoßen wir auf ein methodisches Problem des psychoanalytischen Modells: seine Variablen sind in bezug auf eine werbliche Beeinflussung *nicht operational definiert*. Die

Variablen vorangegangener Modelle waren auf eindeutige, von jedem durchführbare Meßvorgänge bezogen, an deren Ende wenige Zahlen stehen, die die Größe dieser Variablen ausdrükken. Es galt zugleich für die Werbebotschaft, diese Zahlen zu ändern. Damit war eine eindeutige Prognose und vor allem deren Prüfung möglich. Nicht so bei dem psychoanalytischen Modell. Die Wirkung der Werbebotschaft ist auf etwas Unprüfbares verlagert. Woran soll erkennbar sein, daß sich der Kommunikant mit einem Werbevorbild identifiziert, daß er auf genau diesem Wege sich für ein Produkt X entscheidet und daß an alledem das Motiv A aus dem Persönlichkeitssystem Über-Ich entlastend beteiligt ist? Dadurch, daß dies alles nicht prüfbar ist, findet man hier häufig, daß die Umsatz- oder Nachfrageänderung zum Prüfstein wird, jedoch ganz zu Unrecht, wie wir unserem anfangs diskutierten Beeinflussungsschema entnehmen können. Jeder Werbefachmann weiß zudem, daß Marketing- und Konkurrenzmaßnahmen, aber auch andere Einflußgrößen eine Wirkung vortäuschen können, die nur zum geringeren Teil auf unsere Werbekampagne zurückführbar ist. Anders formuliert: das psychoanalytische Denkmodell wird in seiner gegenwärtigen Form nur denjenigen befriedigen, der entweder intuitives Handeln frei von jeder Kontrollierbarkeit schätzt oder aber eine unprüfbare Stelle der Werbeplanung sucht, um dort die Werbung kritisieren zu können (wie *V. Packard* 1957).

Dennoch meinen wir, daß das psychoanalytische Modell seine ernst zu nehmenden Seiten hat. Es bringt uns wie kein anderes Modell zum Bewußtsein, von welcher außerordentlichen Komplexität der werbliche Beeinflussungsprozeß ist. Es liefert uns eine Fülle von (wenn auch vagen) Annahmen, deren wissenschaftliche Prüfung uns einen mächtigen Schritt vorwärts in der Werbeforschung bringen würde. Es zeigt uns, daß für das werbliche Handeln geprüft werden muß, ob wenige repräsentative Daten tatsächlich orientierender sind, als sehr viele ungefähre Hinweise. Schließlich enthält es den Keim zu einer Umkehrung des werblichen Denkens: Wir manipulieren nicht passive Hörige, sondern wir geben Hilfestellungen bei einem zu langsam oder falsch ablaufenden Adoptionsprozeß.

11. MEDIALES BEEINFLUSSUNGSMODELL

11.1 Grundannahme

Die Beeinflussung des Kommunikanten ist nur in einer je medientypischen Form möglich. Es kann also kein allgemeingültiges Beeinflussungsmodell geben. Vielmehr muß dies für jedes Medium gesondert entwickelt werden.

Natürlich kann es nicht für jedes Medium (gleich ob Zeitschriftenanzeige, Fernsehspot, Plakat o. a.) eine eigene Psychologie geben. Aber genauso falsch ist es, anzunehmen, die Denkmodelle ließen sich in jedem Medium unverändert benutzen. Der Grundannahme folgend kommt es also darauf an:

1. Typische formale, gestaltungsbezogene Ausdrucksmöglichkeiten für ein Medium aufzudecken;

2. diese Ausdrucksstruktur mit Hilfe eines Denkmodells zu deuten und

3. die so gewonnenen medienspezifischen Teildenkmodelle zur Konzipierung des eigenen Werbekommuniqués einzusetzen.

Die Verwirklichung dieser Aufgaben wird stark abhängig sein von dem je benutzten Denkmodell. Seine Schwächen werden auch die Mängel der mit ihm realisierten Grundannahme sein. Jedoch liegt ihr Vorteil in dem neu gewonnenen Medienbezug. Man kann die Grundannahme also als die jeweilige Verbesserung eines Denkmodells um seine Anpassung an die mediale Ausdrucksstruktur ansehen. Tatsächlich führt sie zu konkreteren Anweisungen für die Gestaltung. Einige Werber erleben dies als Vorteil, andere befürchten eine zu starke Einengung ihrer kreativen Fähigkeiten: die Gestaltung würde nur noch nach vorgefertigten Schablonen erfolgen. Wir meinen deutlich genug gezeigt zu haben, daß Werbung ein wohlgeplantes, verantwortungsvolles Handeln ist, in der für freie Kunst nur in den seltensten Fällen ein begründeter Ort besteht.

11.2 Modell

11.2.1 Faktorielle Anzeigenanalyse

Die Anzeige ist das klassische Werbemedium. Es kann deshalb nicht überraschen, daß an ihr zum ersten Mal die mediale Ausdrucksstruktur untersucht wurde. 1960 konzipierten und entwickelten O. W. *Haseloff* und der Verf. ein faktorenanalytisches Modell, das der Prognose von Erinnerungswerten dienen sollte (vgl. 6.3.1). O. W. *Haseloff* erkannte damals, daß das erarbeitete Untersuchungsmaterial genauso gut geeignet sein könnte, die Ausdrucksstruktur von Anzeigen zu beschreiben. Ja, er ging noch einen Schritt weiter, löste es von dem Impact-Modell und deutete die faktorenanalytisch gefundene Ausdrucksstruktur der Anzeigen (vorwiegend mit Hilfe des motivations- und psychoanalytischen Modells) als ein anzeigentypisches faktorielles Beeinflussungsmodell (Emnid-Faktorielle-Anzeigenanalyse, genannt EFA 61; [55]).

Der (damals noch nicht explizite) Ausgangsgedanke dieser Deutung ist die Annahme, daß die bisherige Anzeigenwerbung — man könnte schon sagen: durch Zufall — alle Ausdrucksmöglichkeiten erschöpft hat. Kodiert man formale und inhaltliche Merkmale von Anzeigen, korreliert sie anschließend, so muß eine mit den Korrelationen durchgeführte Faktorenanalyse zeigen, wie viele voneinander unabhängige Ausdrucksmöglichkeiten formaler und inhaltlicher Art existieren.

Als Merkmale von Anzeigen wurden folgende ausgewählt:

Größe
Farbigkeit
Proportion (Breite)
Prägnanz (Leerfelder)
Bildzentriertheit
Anschaulichkeitsgrad (Foto)
Anschaulicher Bezugrahmen (großstädtische Daseinsform)
Triebaktivierung (Erotik, Sex-Appeal)
Strebungsaktivierung (Status)
Erwartungsaktivierung (Zusatznutzen)
Anspruchsniveau (Luxus)
Realitätsentlastung (Eskapismus)
Modernität (Zukunftsbezug)
Stimmungslage (leichtlebig, sorglos, lustig)
Produktbetonung
Produktdarstellungsweise (Foto)
Alter des Konsumvorbildes
Konsument
Kommunikation (Zuwendung zum Leser)
Konsumdemonstration (Vormachen, Status)

Weiblichkeit des Konsumvorbildes
Männlichkeit des Konsumvorbildes
Textlicher Aktionsgehalt (erzählender Text)
Textlicher Orientierungsgehalt (Preis, Gebrauchsanweisung)
Ansprechformel (Slogan)

Hinzu kamen vier Variablen des Impact-Tests (z. B. der Erinnerungswert), die jedoch für die weitere Auswertung im Sinne des *Haseloff*schen Ansatzes vernachlässigt wurden.

Ein besonderes Problem war die Abbildung der Merkmale auf Skalen (Kodierung) (vgl. 11.3). Sie war relativ einfach bei formalen Merkmalen (wie Größe, Proportion), jedoch mit größten Schwierigkeiten bei inhaltlichen Merkmalen verbunden. Zwischen den kodierten Merkmalen konnten sodann Korrelationen errechnet und mit ihnen eine Faktorenanalyse durchgeführt werden. Sie reduzierte die 25 Merkmale auf sechs voneinander unabhängige Faktoren. Jeder Faktor enthielt solche Merkmale, die gehäuft in Anzeigen gemeinsam auftreten. Hier ein Überblick über die Faktoren und ihre jeweils typischsten zwei Merkmale:

Suggestion: Ansprechformel, Konsumdemonstration;
Identifikation: Konsument, Alter des Konsumvorbildes;
Motivation: Anspruchsniveau, Männlichkeit des Konsumvorbildes;
Information: Textlicher Orientierungsgehalt, Modernität;
Konkretion: Produktdarstellungsweise, Produktbetonung;
Präsentation: Größe, Farbigkeit.

Die Namen der Faktoren zeigen bereits das weitere Vorgehen *Haseloffs* an: Die Clusterbildung der Merkmale kann nicht zufällig sein. Er erkannte, daß sich in den Faktoren für Anzeigen charakteristische, werbepsychologische Vorgehensweisen widerspiegeln:

Suggestion entspricht einem Reklamestil, der mit Behauptung und Befehl die Neigung zum Sichführenlassen auszunutzen versucht. Diese Art der Anzeigengestaltung wirkt auf den Leser kontrollentlastend.

Wir sehen, wie aus eigener Kenntnis werbepsychologischer Sachverhalte, die Existenz des Faktors auf die Anwendung eines Teilmodells zurückgeführt wird. Damit löst sich der Faktor zugleich von der Aussagefähigkeit des faktorenanalytischen Ergebnisses und wird zu einer empirischen Grundlage für eine typologisierende Beschreibung psychologischen Handelns und Entscheidens in der Anzeigenwerbung. Betrachten wir die Faktoreninterpretationen weiter:

Identifikation entspricht der Vorbildwerbung. Sie versucht mit Hilfe der Vorführung von Vorbildern und Rollenmustern das Zugehörigkeitsbedürfnis des Lesers zu nutzen. Sie wirkt vor allem nachahmungsauslösend.

Suggestion und Identifikation fördern (nach *Haseloff*) vor allem die Einstimmung des Kommunikanten in das Werbeanliegen. Ihnen voraus müßten bereits Präsentation und Konkretion eingesetzt worden sein, um sicher zu gehen, daß sich der Kommunikant der Folgewerbung interessiert zuwende:

Präsentation entspricht einem aufwendigen, repräsentativen Werbestil. Mit seiner Hilfe erhofft man, den Werbegegenstand bekannt zu machen und zugleich ein Stück Anerkennung für ihn zu gewinnen. Der dominante Wirkungsmechanismus ist die Aufmerksamkeitsweckung.

Konkretion dagegen bindet stärker die Aufmerksamkeit. Sie entspricht einem vom Gestalter diktierten Werbestil. Mit einer plastischen und griffnahen Visualisierung und Beschreibung erzeugt man ein anschauliches Erinnerungsbild, an das sich nun die einstimmungsauslösenden Werbestile (Identifikation und Suggestion) anhängen können.

Information und Motivation haben schließlich eine handlungsauslösende Funktion. Durch orientierende, auf Neues verweisende Nachrichten kommt man in dieser Phase der Werbung dem Wissenwollen des Kommunikanten entgegen. Zugleich nimmt man mit dieser orientierenden Werbung Begründungen vorweg, die dem Kommunikanten die Entscheidung erleichtern können.

Motivation ist der letzte Faktor in diesem Ablaufsmodell. Mit Hilfe von vorgeführtem Status, Prestige und anderen Zusatznutzen wird das bisher erworbene Wissen mit Motiven angereichert und so zu einem bewußten Bedürfnis umgestaltet.

Diese Interpretation der Faktoren wird keineswegs eindeutig durch das rechnerische Ergebnis nahegelegt. Denn dieses spiegelt zunächst nur korrelative Strukturen zwischen Anzeigenmerkmalen wider. Man könnte sich sehr wohl auf den Standpunkt stellen, daß die Korrelationen zwangsläufig durch die Eigengesetzlichkeit der Gestaltung erzeugt werden: Weiblichkeit eines Konsumvorbildes kann eben nur auftreten, wenn ein Konsument abgebildet ist; kleine Anzeigen werden meist nicht farbig gedruckt usf.

Unserer Auffassung nach liegt die besondere Leistung dieser Interpretation in der Vorwegnahme der Beziehung zwischen Werbung und *Adoptionsprozeß* (vgl. Kap. 12). Hier handelt es sich um einen Zusammenhang, der im kommenden Jahrzehnt vermutlich die Entwicklung der Werbepsychologie diktieren wird. Im Modell von *O. W. Haseloff* ist sie (wenn auch stark vergröbert und sicher korrekturbedürftig) vorweggenommen: er beschreibt zum erstenmal die Bezogenheit der werbepsychologischen Denkmodelle auf den Ablauf, auf die Art und Weise wie der Kommunikant einen Werbegegenstand übernimmt bzw. wie man heute sagt: adoptiert. Dabei geschieht diese Beschreibung bereits in einer medienspezifischen Weise.

Akzeptiert man dagegen die EFA 61 auch mit ihrem statistischen Apparat, so bietet sich folgende *Anwendung des Modells* an: Zunächst entscheidet man sich (auf Grund von Marktdaten) schwergewichtig für einen der Faktoren. An Hand einer (vereinfachten) Gewichtszahlentabelle kann man sodann ausrechnen, welche Anzeigenmerkmale stärker betont werden müssen. Dies gibt man gemeinsam mit inhaltlichen Vorgaben als Briefing dem Gestalter. Seine Vorschläge wiederum können mit derselben Gewichtszahlentabelle darauf geprüft werden, ob sie (und in welcher Hinsicht nicht) dem Briefing entsprechen: seine Anzeigenentwürfe werden kodiert und in die Faktoren umgerechnet. Genauso kann man übrigens mit den Anzeigen der Konkurrenzwerbung verfahren (vgl. unten 11.3.2).

Wenige Jahre später bemühte sich *O. W. Haseloff* wieder in Zusammenarbeit mit dem Emnid-Institut um eine Verbesserung der faktoriellen Anzeigenanalyse (*EFA* 65) [56]. Er konzentrierte sich stärker auf inhaltliche Merkmale und vermied die Überschneidung der Merkmale durch Vermeidung negativer Aussagen: nämlich die Nichtexistenz der das Merkmal tragenden Teile. Allerdings mußte er dafür eine wechselnde Stichprobengröße bei der Bestimmung der Korrelationskoeffizienten in Kauf nehmen.

Die gewonnenen Korrelationen waren gegenüber der EFA 61 schwächer. Aus dem faktorenanalytischen Ergebnis wurden neun Faktoren entnommen. (Wir teilen sie wieder mit den jeweils zwei stärksten Variablen mit):

Präsentation: Größe, Bezugsperson;
Realismus: Prägnanz, Produkt;
Exploration: Antrieb, Ansprechformel;
Satisfaktion: Aneignen, Konsumdemonstration;
Identifikation: Geltung, Entlastung;
Sicherheit: Geborgenheit, Zeitbezug;
Suggestion: Bildbetonung, Aneignung;
Konformität: Soziale Rolle, wertfreier Text;
Information: Text-Information, Unpersönlichkeit.

Die Interpretation der Faktoren bemüht sich um eine Vergleichbarkeit mit der EFA 61. Gleichzeitig wurden semantische und informationspsychologische Erkenntnisse berücksichtigt. Das methodische Hauptproblem, die Schaffung der notwendigen Voraussetzungen für die Faktorenanalyse, blieb allerdings ungelöst. Die für die Diffusionstheorie interessante Interpretation der EFA 61 wurde nicht weiterentwickelt.

11.2.2 Strukturbildende Wirkung von Gestaltungselementen

Zur gleichen Zeit führte der Verf. eine Anzeigenanalyse unter geänderter Zielsetzung und korrigierten methodischen Voraussetzungen durch (*H.-J. Hoffmann* [64]). Es wurden nur formale Merkmale benutzt und gleichzeitig die Branchenzugehörigkeit der Anzeigen berücksichtigt. Die Merkmale wurden als existent oder nicht-existent bezeichnet. Es wurden der Phi- bzw. Cosinus-Pi-Koeffizient berechnet und sodann eine Faktorenanalyse durchgeführt. Sie lieferte sieben Faktoren (vgl. Tabelle 4):

Abbildungszentriert: Abbildung, Vorbild;
Produktzentriert: Produktabbildung, Farbigkeit;
Farbenzentriert: Farbigkeit, (Genußmittelanzeige);
Anbieterzentriert: Anbieter, (Reinigungsmittelanzeige);
Vorbildzentriert: Vorbild, (Kosmetikanzeige);
Textzentriert: ausführlicher Text, (Reinigungsmittelanzeige);
Kuponzentriert: Kupon, Größe.

Benannt wurde jeder Faktor nach demjenigen Merkmal, das die höchste Gewichtszahl hat. Denn offensichtlich ordnet sich jeder Faktor genau einem Merkmal zu. Die Untersuchung weist m. E. nach, daß die Gestaltungselemente voneinander unabhängig variieren. Die strukturbildenden Kräfte sind also die Gestaltungselemente selbst. Die Wahl eines Elementes hat Konsequenzen für die Benutzung der anderen Elemente. Diese Folgewirkung zeigen die Ladungen der Faktoren: eine Darstellung des Produktes macht zum Beispiel wahrscheinlicher, daß sich der Gestalter entschließt, die Anzeige farbig drucken zu lassen.

Die *strukturbildende Wirkung der Gestaltungselemente* wird uns noch deutlicher an einer faktoriellen Schaufensteranalyse werden, über die wir im folgenden Abschnitt referieren wollen.

Es ist also für die Anzeigengestaltung folgenreich, welche Elemente primär bevorzugt werden. Deshalb können wir die Faktoren neben der sachlichen Beschreibung als Gestaltungskomplexe auch als Ausdruck persönlicher Stilvorlieben und damit als Ausdruck latenter Anthropologien interpretieren (vgl. 4.1):

Gibt ein Werbefachmann häufig der *abbildungszentrierten* Anzeigengestaltung den Vorzug, so signalisiert dies folgende latente Anthropologie: Der Verbraucher wird von ihm als ein Mensch gedacht, der weniger an dem jeweiligen Produkt und seinem Zweck interessiert ist als an der Befriedigung persönlicher Anliegen motivationaler Art. Er wird in seinen irrationalen Ansprüchen und Wünschen überschätzt. Deshalb wird angenommen, daß er sich mit dem Produkt allein nicht zufrieden gibt. So muß die Werbung dem Produkt mehr Befriedigungsmöglichkeiten anheften.

Mit der *produktzentrierten* Gestaltung überschätzt der Werber das Interesse an seinem Produkt und die Habgier des Konsumenten. Die meisten Menschen sagen an der richtigen Stelle „nein" und verzichten ohne besondere innere Schwierigkeiten — welch gewaltiger Erfolg müßte andernfalls der Werbung beschieden sein. Die tatsächliche Wirkung dieser Gestaltungsart liegt vermutlich im Gedächtnisbereich. Denn eine prägnant abgebildete Packung und die mithin vorübergehend aktivierte Zugreiftendenz erhöht den Lerneffekt.

Die Vorliebe für eine *farbzentrierte* Gestaltung der Anzeige spekuliert auf eine emotionalisierende, suggestive Wirkung von Farben. Der Werbegestalter erwartet, daß Menschen vor allem an ihren unreflektierten Gefühlsbedürfnissen verführbar seien.

Die einseitige Bevorzugung der *anbieterzentrierten* Anzeigengestaltung zeigt, daß der Gestalter den Wunsch, sich führen zu lassen, beim Konsumenten überschätzt. Es gehört vermutlich eine autoritäre Haltung dazu, um den Verbraucher für derart unselbständig zu halten.

Die *vorbildzentrierte* Anzeigengestaltung rechnet mit einer ähnlichen Wirkung wie beim vorangegangenen Faktor. Hinzu kommt aber, daß eine Art Nachahmungstrieb für real gehalten wird und vor allem, daß sich der Werbende mit der Vorbildüberlegung selbst als den überlegenen Verführer deuten kann.

Die bevorzugt *textzentrierte* Gestaltung überschätzt die Lesebereitschaft der Kommunikanten und ihr Verlangen, einsichtig zu denken. Vielleicht mag sogar mit ihrer sprachlichen Einfühlungsfähigkeit gerechnet werden — eine häufige Illusion der Texter.

Schließlich verweist die zu häufige Benutzung des *Kupons* auf eine Überschätzungstendenz der Sicherung und Planung. Lediglich für Versandhäuser u. ä., mag diese Gestaltungsvorliebe ein zweckmäßiger Stil sein.

Die Interpretation der faktoriellen Gestaltungskomplexe als latente Anthropologien ist sicher nützlich. In der Arbeit als Werbepsychologe begegnet man bei seinen Auftraggebern verblüffend starren Vorurteilen. Die vorliegende Analyse kann als ein Anfang betrachtet werden, gestaltungsbezogene Vorurteile zu typologisieren. Sicher wird hier noch viel Arbeit zu leisten sein.

11.2.3 Faktorielle Schaufensteranalyse

Etwas später versuchte der Verf. mit einer Gruppe von Studenten, die bisher an Anzeigen diskutierte Betrachtungsweise auf Schaufenster zu übertragen. Wir registrierten an 57 Schaufenstern je 15 Merkmale. Es handelte sich wiederum nur um formale Merkmale, bis auf das subjektive Urteil des Beobachters zur sogen. Warenbehandlung.

Zu unserer Überraschung fanden wir eine wesentlich einfachere Struktur als bei Anzeigen. Die Durchrechnung lieferte nur drei Faktoren, die wir unschwer als bestimmte Schaufensterarten identifizieren konnten. Die Zahlen in der folgenden Aufzählung sind aus Korrelationen ermittelte Gewichtszahlen; sie drücken aus, wie stark das einzelne Merkmal zu dem Faktor gehört. Die Faktoren sind:

1. *Puppenschaufenster*: Schaufensterpuppen (58), Blickfang (45), Bilder (39), Text (33), Preisauszeichnung (26)

2. *Luxusschaufenster:* Präsentation weniger Objekte (59), dekoratives Beiwerk (56), (pos. Warenbehandlung (46)), Szene (45), großer Schaufensterraum (33)

3. *Warenhausschaufenster:* Rückwand (52), großer Schaufensterraum (49), Farbkontrast (42), Preisauszeichnung (36), dekoratives Beiwerk (30).

Am Schaufenster sind es nur wenige dominierende Elemente, die unabhängig voneinander die Gestaltungsstruktur bestimmen. Dies sind: die Existenz einer Rückwand, die Benutzung von Schaufensterpuppen und die Menge der repräsentierten Ware. Bei der Anzeige waren es dagegen sehr viele Elemente, zu denen sicher auch noch äußere Einflüsse hinzukommen, wie Anzeigenetat, Branche, Agenturphilosophie, die einen stärkeren Einfluß auf die Bevorzugung der Gestaltungselemente nehmen, als es am Schaufenster der Fall ist. Vor allem aber bestärkte uns die Schaufensteranalyse in der Annahme, daß es die medientypischen Gestaltungselemente selbst sind, die vorrangig eine strukturbildende Wirkung entfalten.

Allerdings schließt dieses Ergebnis andere Faktoreninterpretationen nicht aus. Ein Gestaltungselement kann zu einem bestimmten Adoptionszeitpunkt für den werblichen Beeinflussungsversuch besonders wichtig sein (*O. W. Haseloff*), andererseits können Anzeigengestalter eine irrationale Bevorzugung für bestimmte Gestaltungselemente haben (*H.-J. Hoffmann*). Vermutlich ist es ein Zusammenspiel aller drei Ebenen: medientypische Gestaltungselemente, irrationale Vorlieben und Zeitpunkt der Werbebeeinflussung, die schließlich zu der faktorenanalytisch aufdeckbaren Medienstruktur führen.

11.3 Methoden

11.3.1 Faktorenanalytische Modelle

Im Bereich der Werbekommunikation sind heute noch keine funktionalen Abhängigkeiten bekannt, sondern nur Korrelationen. Diese stammen oft genug noch aus Kreuztabulierungen und sind nicht auf ihre Voraussetzungen geprüft. Andererseits sind die in der Werbung auftretenden Erscheinungen, will man die Situation nicht unangemessen vereinfachen, so komplex, daß große, beschreibende Korrelationsmatrizen unvermeidbar sind. Hier stehen uns als ordnende, Strukturen aufzeigende Werkzeuge sogen. Faktorenanalysen zur Verfügung.

Zur Einführung in die Faktorenanalyse siehe [57]. Für weiterreichende Ansprüche siehe [114; 150].

Die Faktorenanalysen stellen mathematische Werkzeuge dar, die quadratische Korrelationsmatrizen von der Größe n mal n in rechteckige Faktorenmatrizen der Größe n mal m (m kleiner n) transformieren. Die m Spalten der rechteckigen Matrix werden als Faktoren bezeichnet. Die quadratische Ausgangsmatrix ist eine Korrelationstabelle. Die miteinander korrelierten Variablen sind zum Beispiel Testergebnisse oder wie im vorliegenden Kapitel Anzeigenmerkmale. Damit die Korrelationstabelle faktorenanalytisch bearbeitet werden kann, müssen eine Reihe von *Voraussetzungen* erfüllt sein:

1. Die Variablen müssen auf Verhältnisskalen (mit absolutem Nullpunkt) gemessen worden sein
2. Die Messungen der Variablen müssen unabhängig voneinander sein
3. Es müssen gleich viele Messungen für jede Variable an identischen Objekten durchgeführt worden sein
4. Die Variablen müssen einem identischen Sachbereich angehören
5. Als Korrelationsmaß muß die Produktmomentkorrelation benutzt worden sein
6. Die Regressionen müssen linear sein.
7. Es muß ein normal verteiltes Material angenommen werden können
8. Es muß vorausgesetzt werden können, daß sich die Faktoren additiv verhalten.

Die letztgenannte Voraussetzung fordert, daß sich jede Variable in folgender Weise als abhängig von den Faktoren F_i schreiben läßt:

$$x = g_1F_1 + g_2F_2 + \ldots\ldots + g_mF_m$$

Hierin ist g_i das jeweilige Gewicht, mit dem die F_i an x beteiligt sind. Funktionale Verknüpfungen, wie sie uns aus anderen Wissenschaftsbereichen geläufig sind (etwa Kraft = Masse mal Beschleunigung) würden eine faktorenanalytische Aufdeckung ausschließen. Es bleibt aber zu befürchten, daß im Bereich der Werbekommunikation nicht-additive Verknüpfungen die häufigeren sind.

Mindestens von den Voraussetzungen 1, 6, und 8 können wir sagen, daß sie in der Regel in der Werbepsychologie nicht erfüllt sind. Dennoch wird immer wieder die Anwendung der Faktorenanalyse gewagt, eben weil sie für die Art der Problemstellung die einzig zur Verfügung stehende Methode darstellt. Vielleicht ist dieser Mut vorläufig angemessener als die Resignation.

Bevor wir uns den Anzeigenanalysen zuwenden, geben wir zwei andere Beispiele für die Anwendung der Faktorenanalyse (vgl. [121]): Ein erstes Beispiel ist die *Klassifikation von Images*: Sie dient der Gruppierung von Polaritätsprofilen. An die Stelle von r tritt das Ähnlichkeitsmaß:

$$Q_{xy} = 1 - \frac{\text{Summe}\,(x - y)^2 - n\,(\overline{x} - \overline{y})^2 - (s_x - s_y)^2}{2 \cdot s_x \cdot s_y}$$

Hierin sind x und y die Werte der zu vergleichenden Polaritätsprofile und n die Anzahl der Eigenschaftspaare. Q_{xy} ist ein Ersatz für die Produktmomentkorrelation. Dennoch sind die Voraussetzungen 1, 6, 7 und 8 nicht erfüllt.

Ein zweites Beispiel stellt das *Entfernungsmaß der LA 68* dar (Multidimensionale Skalierung; MDS): Statt die Ähnlichkeit der demografischen Merkmale (Entfernung) einzeln an Geschlecht, Hausfrau, Alter, Ortsgröße, Bundesländer, Haushaltstypen, Berufstätigkeiten, Berufsgruppen, Familienstand, Schulabschluß, Haushaltsgröße, Monatseinkommen des Haushalts (42 Items) abzulesen, wurden diese faktorenanalytisch auf drei Faktoren eingeengt:

F_1	soziale Schicht	(Mittelschule u. mehr, hohes Einkommen)
F_2	Alter	(älter als 30 Jahre)
F_3	Geschlecht	(männlich)

Soweit erkennbar sind mindestens die Voraussetzungen 4 bis 8 nicht erfüllt.

Was ist mit den jeweiligen Faktoren gewonnen? Im ersten Beispiel können die Faktoren zeigen, wie weit sich die unterschiedlichen Gegenstände imagemäßig ersetzen oder ergänzen können. Im zweiten Beispiel geben uns die Faktoren die Möglichkeit, die demografiische Überschneidung der Zeitschriften qualitativ wie auch intensitätsmäßig abzuschätzen. Anstelle einer großen Zahl demografischer Daten pro Zeitschrift, ist jede durch drei Faktorenwerte hinreichend gekennzeichnet (zitiert nach ZV+ZV Nov. 68):

	F_1 Oberschicht	F_2 Alter	F_3 Männlich
Welt am Sonntag	.23	.20	—.06
Adac-Motorwelt	.20	.16	.14
Westermanns Monatsh.	.48	.23	.02
Heim und Welt	—.28	.02	—.07
Stern	—.05	.09	—.04
Eltern	—.09	.08	—.03
Das Beste	.11	.13	.01
Twen	.19	—.54	.05
Hör Zu	—.13	.04	—.02
Kosmos	.39	.19	.09
Freundin	—.10	—.03	—.09
Kicker	—.11	—.20	.27

Tab. 3: Demografische Struktur von Zeitschriftenlesern

Tragen wir diese Werte in ein Koordinatensystem ein, so kann für die Entfernung z. B. zwischen Welt am Sonntag und Westermanns Monatshefte geschrieben werden:

$$
\begin{aligned}
e^2 &= (\text{diff. } F_1)^2 + (\text{diff. } F_2)^2 + (\text{diff. } F_3)^2 \\
e^2 &= .25^2 + .03^2 + .08^2 \\
e^2 &= .063 + .001 + .006 = .070 \\
e &= .26 \text{ bzw. } E = 100 \cdot e = 26
\end{aligned}
$$

Die demografische Entfernung der beiden Zeitschriften ist auf diese Weise eindeutig durch eine Zahl gekennzeichnet. (Doch täuscht das Entfernungsmaß einen geometrisch-euklidischen Raum vor, in dem alle Zeitschriften liegen. Tatsächlich sind die Räume jedoch von der Streuung abhängig.)

11.3.2 Kodierung und faktorielle Umrechnung von Anzeigen

Damit eine Anzeige entsprechend dem letzten Beispiel in Faktoren umgerechnet werden kann, muß sie zunächst kodiert werden, d. h. jedes Merkmal muß seinem Ausprägungsgrad

6. Anschaulichkeitsgrad

Variablen wert	Definition
— 5	keine anschaulichen Bildelemente
— 3	dekorative oder füllende Grafik, überverdeutlichte, schematische und stilisierte Zeichnung, Schattenrisse und skizzierende Grafik
— 1	Fotomontage und gestaltete Fotografie
+ 1	naturalistische Grafik
+ 3	überarbeitete Fotografie und überrealistische Fotozeichnung
+ 5	naturalistische Fotografie

Mit dieser Variablen wird sowohl das Zurücktreten oder das Vorherrschen anschaulicher Bildelemente, als auch der Grad der Abbildungsrealistik festgehalten.

Zum Begriff „gestaltete Fotografie“ mit dem Variablenwert — 1 sei erläuternd bemerkt, daß hier die Fotografie vor allem künstlerischen Ausdrucks- und Gestaltungszielen entspricht, während die Handlung zurücktritt. Die gestaltete Fotografie vermittelt also keinen vollständigen, geschlossenen und realistischen Eindruck; andernfalls handelt es sich um „naturalistische Fotografie“ mit dem Variablenwert + 5.

Die Klasseneinteilung nach dem Anschaulichkeitsgrad bezieht sich nicht auf irgendwelche Produktabbildungen in der Anzeige, sondern nur auf die begleitenden Bilder. Produktabbildungen werden bei der Inhaltsanalyse in anderen Klasseneinteilungen berücksichtigt, insbesondere mit der Variablen 16 „Produktdarstellung“.

Fig. 16: Klasseneinteilung einer Variablen zur Inhaltsanalyse EFA 61 (Emnid-Institute)

nach in eine Zahl übersetzt werden. Zu der EFA existiert zu diesem Zweck ein Kartensatz. Jede Karte gibt die Kodierungsanweisung für ein Merkmal. Auf dieser Seite findet der Leser als Beispiel die Kodierungsanweisung für das Merkmal 6 (Anschaulichkeitsgrad) der EFA 61 (Figur 16). Ist mit Hilfe des Kartensatzes die Anzeige in eine Zahlenreihe übersetzt, kann die Umrechnung in Faktoren erfolgen. Diesen Vorgang wollen wir an einer großen Farbanzeige für ein kosmetisches Produkt verfolgen. Als Umrechnungsgrundlage benutzen wir zehn Merkmale der Untersuchung des Verfassers. Hier sind die Kodierungswerte besonders einfach, da sie nur vorhanden (+1) oder nicht vorhanden (-1) ausdrücken können (siehe Tabelle 4).

Die Faktorentabelle wird also mit den Codezahlen der Anzeige ausmultipliziert: (2) mal (3). Die so gewonnenen Produkte werden faktorenweise addiert und prozentual umgerechnet auf die jeweils größte Faktorensumme, die möglich wäre. Wir erhalten auf diese Weise Zahlen zwischen —100 und +100, die den Ausprägungsgrad des Faktors bzw. seines Gegenteils ausdrücken.

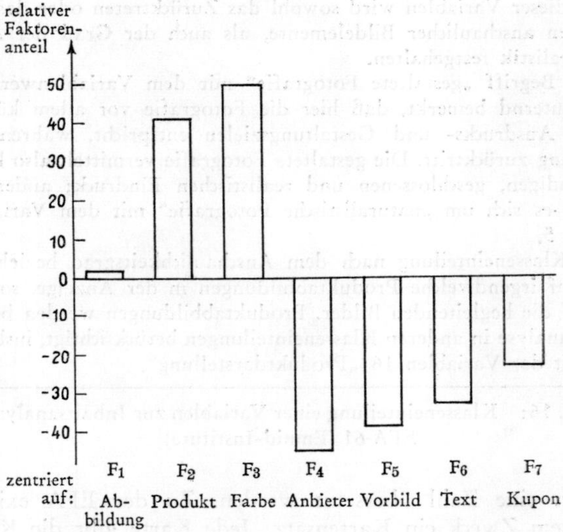

Fig. 17: Faktorielle Anzeigenstruktur (nach Tabelle 4)

Unser Anzeigenbeispiel zeigt offensichtlich eine farb- und produktzentrierte Gestaltungsform. Trotz der Abbildung ei-

(1)	(2)	(3)							(4)						
Merkmale	Codezahlen der Anzeige	Faktoren							(2) mal (3)						
		F_1	F_2	F_3	F_4	F_5	F_6	F_7	cF_1	cF_2	cF_3	cF_4	cF_5	cF_6	cF_7
Größe	1	.42	.46	.34	.31	.00	.22	.46	.42	.46	.34	.31	.00	.22	.46
Farbigkeit	1	—.01	.49	.70	.00	—.04	.01	.02	.01	.49	.70	.00	—.04	.01	.02
Produkt-abbildung	1	.20	.67	.01	.11	—.08	.00	.02	.20	.67	.01	.11	—.08	.00	.02
Preis	— 1	—.03	.39	—.17	.11	.27	.11	—.06	.03	—.39	.17	—.11	—.27	—.11	.06
Kupon	— 1	.00	—.07	—.22	.19	.00	.08	.58	.00	.07	.22	—.19	.00	—.08	—.58
zus. Ab-bildung	— 1	.71	.21	.15	.29	.32	.05	—.16	—.71	—.21	—.15	—.29	—.32	—.05	.16
ausführl. Text	— 1	.20	—.01	.28	—.09	.28	.64	.30	—.20	.01	—.28	.09	—.28	—.64	—.30
Vorbild	1	.58	—.05	.00	.09	.61	.12	.00	.58	—.05	.00	.09	.61	.12	.00
Verbraucher-urteil	— 1	.12	—.27	.02	.19	.40	.11	.19	—.12	.27	—.02	—.19	—.40	—.11	—.19
Anbieter	— 1	.16	.17	.00	.81	.07	—.17	.07	—.16	—.17	.00	—.81	—.07	.17	—.07
		2.43	2.79	1.89	2.19	2.07	1.51	1.86	.05	1.15	.99	—.99	—.85	—.47	—.42
		(abs. Summe)							(Summe)						
					relative Faktornanteile:				2	41	52	— 45	— 41	— 31	— 23

$$\frac{100 \cdot \text{Summe (cF)}}{\text{Summe (abs (F))}}$$

Tab. 4: Berechnung einer Anzeigenstruktur

nes als Vorbild geeigneten Konsumenten haben wir keine vorbildzentrierte Gestaltung vor uns: es fehlt nämlich seine Textintegration (Verbraucherurteil) und auch die visuelle Signalisation seines sozialen Umfeldes (zusätzliche Abbildung). Hätten wir eine vorbildzentrierte Anzeige gestalten wollen, hätten wir uns im Briefing für den Gestalter stärker an den Gewichtszahlen des Faktors 5 orientieren müssen. Hier hätten wir z. B. gesehen, daß es auf Größe, Farbigkeit und Produktbetonung nicht ankommt.

11.4 Zur Weiterentwicklung des medialen Beeinflussungsmodells

Unser methodischer Überblick hat deutlich gemacht, daß bei den bisherigen medialen Beeinflussungsmodellen die Voraussetzungen für den Einsatz der Faktorenanalyse nicht erfüllt waren. Weder sind die Variablen auf Rationalskalen abgebildet, noch ist ihr Auftreten normal verteilt, noch liegen lineare Regressionen vor, noch kann angenommen werden, daß die Korrelationen nach dem Fundamentaltheorem der Faktorenanalyse beschrieben werden können. Ist bei dieser Sachlage der heroische Einsatz der Faktorenanalyse noch zu rechtfertigen?

Wir meinen, daß zur allerersten Orientierung das beschriebene Vorgehen gerechtfertigt war. Aber in einer zukünftigen Forschungsarbeit sollte man sich mit weniger begnügen. Zunächst müßte in Feldstudien ein ausreichendes Material darüber zusammengetragen werden, wie es zur Wahl oder zur Bevorzugung eines bestimmten Gestaltungsmerkmals kommt. Von hier aus wären Hypothesen zu formulieren, die sich nicht auf das Ganze der Gestaltung eines Werbemittels beziehen, sondern nur auf sauber begrenzte Teilaspekte, etwa auf den Zusammenhang zwischen Headline und Abbildung. Diese Hypothesen müßten experimentell und unter Verwendung varianzanalytischer Verfahren geprüft werden. Vielleicht kommen wir so zu medialen Kenntnissen, die eine sachgerechtere Wahl von Merkmalen und vor allem eine befriedigendere Kodierung der Werbebotschaft zulassen. Sollten damit einige Voraussetzungen für eine Faktorenanalyse geschaffen sein, wird man vermutlich mit nonparametrischen Verfahren arbeiten müssen, wie sie in der letzten Zeit entwickelt wurden.

Besitzen wir schließlich ein befriedigendes mediales Beeinflussungsmodell (wahrscheinlich wird es institutions-, branchen- und trägertypisch sein), so sollten wir eine mathematische Brücke zu anderen, die Faktoren deutenden Modellen zu schlagen suchen. Das psychoanalytische Modell würde zum Beispiel in seiner heutigen Form als Deutungsansatz dann nicht mehr verwendbar sein; seine (vermutlich lerntheoretische) Operationalisierung müßte dann vollzogen sein. Das mediale Modell müßte in dieser Entwicklungsphase dann auch Randbedingungen der Mediengestaltung mit einbezogen haben. Dazu würde beispielsweise die Konkurrenzwerbung oder der Werbeetat gehören.

Die größte Mühe wird schließlich die Berücksichtigung der Art der Ansprechgruppe in den medialen Beeinflussungsmodellen machen. Ein erster Ansatz findet sich hierzu in einer Funktionsanalyse von Medien [85], in der für unterschiedliche Ansprechgruppen zeitschriftenspezifische Funktionsbereiche nachgewiesen werden: Information (gegen Lebensfreude), praktische Hilfe (gegen Realitätskonfrontation), Lebenshilfe, entspannende Ablenkung und Anregung zum Nachdenken. In den gleichen Zusammenhang zwischen Medium und Ansprechgruppe gehört das Problem der Glaubwürdigkeit [72]. Doch für den Einzelfall bleiben viele Fragen zu klären: Wie weit hat die Ansprechgruppe bereits den Werbegegenstand adoptiert? Welche Teilgruppe steht als nächste zur Adoption an und muß gezielt werblich angesprochen werden? Über welche Interaktionen kommen Werbenachrichten in diese Teilgruppe hinein? Welche Entscheidungsstrategien bevorzugen ihre Mitglieder? Kann man diese und ähnliche Fragen beantworten, so müßte zugleich ein Verfahren vorliegen, das aus diesen Ausgangsdaten ableitet, mit welchem Effekt die einzelnen Faktoren des medialen Beeinflussungsmodells die Gestaltung steuern.

Bis hierhin ist es aber noch ein weiter Weg. Für die Hochschulen ist Werbung ein unbeliebter Forschungsgegenstand. In den Agenturen ist man auf Augenblicksaufgaben konzentriert. Aber gerade von diesen finanziell einträglichen Aufgaben müßte sich die Werbepsychologie trennen, wollte sie ein Projekt der skizzierten Art in Angriff nehmen.

12. ADOPTIONSMODELL

12.1 Grundannahme

Es kommt in der Werbung darauf an, herauszufinden, welche Gruppe von Personen im Augenblick (und darauf folgend) am ehesten bereit ist, den Werbegegenstand zu übernehmen. Die Werbe- und Marketingmaßnahmen, in unserem Zusammenhang vor allem die Formulierung der Werbenachrichten, müssen sich sodann an den historischen, kulturellen, sozialen und psychischen Eigenarten der gerade adoptionsbereiten Gruppe orientieren.

Das voran besprochene mediale Modell war bereits im engeren Sinne kein eigenständiges Beeinflussungsmodell, sondern verband die vorliegenden Modelle mit den Trägern der Werbebotschaften. Hier haben wir nun ein Modell vor uns, das völlig offen läßt, welche psychischen Aspekte mit welchen Mitteln werblich anzusprechen sind. Es kann so als ein *Rahmenmodell* für alle bisher diskutierten Beeinflussungsmodelle fungieren. Es verbindet in dieser Funktion alle Modellvorstellungen zu einem gemeinsamen theoretischen Konzept. Dabei deckt es zugleich solche Stellen im Übernahmeprozeß auf, die unzureichend von den bisher benutzten Modellen erfaßt werden. Als Rahmenmodell kann es zudem nur aus beschreibenden Variablen bestehen und steht deshalb außerhalb der bisher geübten Kritik; was nicht heißen soll, es sei nicht verbesserungsbedürftig.

Für den Werbefachmann bedeutet dieses Rahmenmodell, daß er aus der Enge der bisherigen Ansätze entlassen wird und die einzelnen Etappen seiner geplanten Werbeunternehmung im Gesamtablauf zu überblicken vermag. Werbung wird zum Beeinflussungsversuch eines Diffusionsprozesses zugunsten einer Institution.

12.2 Modell

Während die bisherigen Modelle vorwiegend aus der Wirtschaftswerbung kommen, ist der Vorgang der Übernahme einer neuen Erkenntnis oder eines anderen Werbegegenstandes vor allem in der Landwirtschaft, Entwicklungshilfe und pharmazeutischen Industrie untersucht worden. Die Ursache dafür ist eine zweifache: erstens nimmt hier die Übernahme längere Zeiträume in Anspruch (und ist daher in seinen Details leichter verfolgbar) und zweitens fehlt die parallele Konkurrenz (die das Modell merkbar unübersichtlicher macht).

12.2.1 Diffusion

In Abwandlung der *Katz*schen Auffassung [83] wollen wir unter *Diffusion* eine Serie von Zeitreihen verstehen, die den Übernahmegrad mehrerer (meist zu einer Innovation gehörenden) Werbegegenstände durch eine Gruppe beschreibt. *Übernahmegrad* kann je nach dem Werbegegenstand so viel bedeuten wie: prozentualer Anteil der Gruppenmitglieder, die damit begonnen haben, den Gegenstand zu kaufen, zu gebrau-

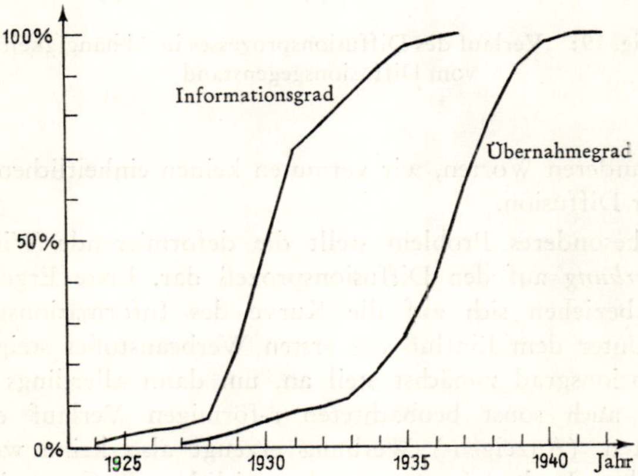

Fig. 18: Diffusionsprozeß eines neuen Saatgutes unter Farmern (nach *Ryan* und *Gross* 1943)

chen, an ihn zu glauben, einzutreten, ihn zu wählen u. ä. *Informationsgrad* dagegen heißt der prozentuale Anteil derer, die von dem Werbegegenstand gehört haben.

Die Zeitreihen haben (wie die meisten Frequenzsummenkurven) Ähnlichkeit mit S-Kurven. Ihre Form scheint jedoch zu variieren, je nach ihrer zeitlichen Erstreckung, nach der Struktur der Gruppe (sofern sie es überhaupt im Sinne der Sozialpsychologie ist), nach den beteiligten Medien und vor allem nach dem Gegenstand. Es scheint für die Art der Diffusion folgenreich zu sein, ob wir es mit (1) Meinungen, Gesinnungen, Haltungen oder mit (2) Leistungsformen, Fähigkeiten, Techniken oder mit (3) Konsumgütern, Befriedigungsmittel zu tun haben:

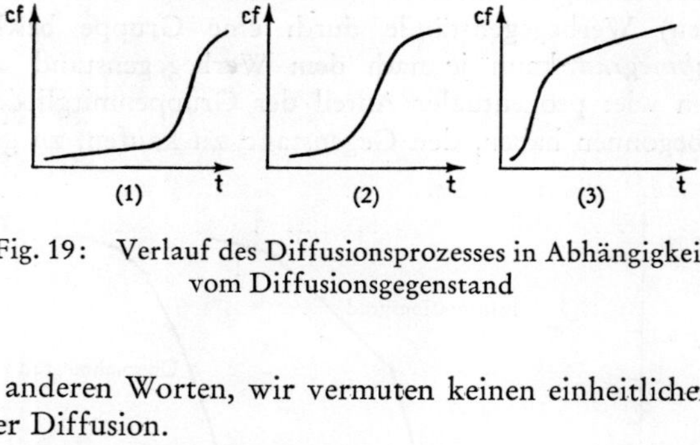

Fig. 19: Verlauf des Diffusionsprozesses in Abhängigkeit vom Diffusionsgegenstand

Mit anderen Worten, wir vermuten keinen einheitlichen Verlauf der Diffusion.

Ein besonderes Problem stellt die deformierende Wirkung der *Werbung* auf den Diffusionsprozeß dar. Erste Ergebnisse hierzu beziehen sich auf die Kurve des Informationsgrades [22]: Unter dem Einfluß des ersten Werbeanstoßes steigt der Informationsgrad zunächst steil an, um dann allerdings rasch in den auch sonst beobachteten s-förmigen Verlauf einzuschwenken. (Anzeigen-) Werbung erzeugt also keine wesentlich andere Verlaufsform, von der zeitlichen Raffung abgesehen. Die Kurve ist lediglich in der Anfangsphase stark aufgestaut: es entsteht eine Konvex-Konkav-Kurve:

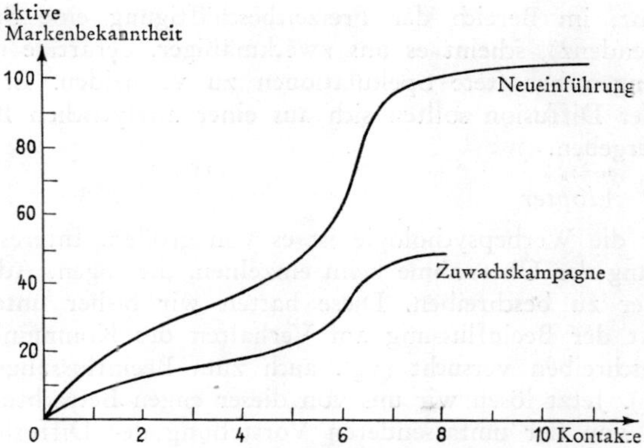

Fig. 20: Verlauf des Diffusionsprozesses (Informationsgrad) in Abhängigkeit von Werbekontakten (nach dem „Atlas der Response-Funktionen" zu [22]).

Eine weitere Differenzierung des Verlaufs eines werblich beeinflußten Diffusionsprozesses scheint sich aus der Neuheit des Werbegegenstandes zu ergeben. Unsere oben dargestellte S-Kurve (Figur 18) gilt offensichtlich für die Ausbreitung einer Innovation. In der Werbung haben wir es aber in der Regel mit der Durchsetzung von Substituten für bereits verbreitete Gegenstände zu tun. Für diese gilt der Kurvenverlauf Figur 20. Aber auch dort müssen wir unterscheiden zwischen Substituten, die völlig neu auftreten, und solchen, die bereits auf dem Markt sind. Letztere setzen in einem oberen Teil des Diffusionsprozesses ein und haben bereits die leichter erreichbaren Gruppen hinter sich. Dies führt zu dem flachen Kurvenverlauf, wie ihn Figur 20 zeigt (vgl. 12.2.4).

Die Anzahl und Art der notwendigen Beschreibungsdimensionen von Diffusionen sind bis zur Zeit nicht zuverlässig bestimmt. Auch die Annahme, daß Diffusionen immer einer e-Funktion nahekommen ist nur eine Hypothese.

Obwohl je nach dem Gegenstand eine (motivationsartige) Tendenz zur Erklärung behauptet werden kann (zum Beispiel im Bereich der Entwicklungshilfe eine Rationalisierungstendenz, im Bereich der Freizeitbeschäftigung eine Satisfaktionstendenz), scheint es uns zweckmäßiger, derartige mit Bewertungen behaftete Spekulationen zu vermeiden. Erklärungen der Diffusion sollten sich aus einer analytischen Betrachtung ergeben.

12.2.2 Adopter

Für die Werbepsychologie ist es von großem Interesse, den Vorgang der Übernahme beim einzelnen, die sogen. Adoption, genauer zu beschreiben. Diese hatten wir bisher unter dem Aspekt der Beeinflussung am Verhalten des Kommunikanten zu beschreiben versucht (vgl. auch zum Beeinflussungsprozeß Fig. 1). Jetzt lösen wir uns von dieser engen Betrachtung und gehen von der umfassenderen Vorstellung der Diffusion aus.

Jedem Zeitpunkt der Diffusion ordnet sich eine Anzahl von neu hinzukommenden Personen zu. Wir nehmen an, daß diese Personen mehr Ähnlichkeiten untereinander haben, als zu unterschiedlichen Zeiten adoptierende Personen. Nach dieser Annahme drängt sich die Frage auf: Aus welchen Personen besteht die Gruppe der Adopter zum Zeitpunkt t? Aus den verschiedensten Untersuchungen ist bekannt, daß die zeitliche Rangfolge der Adopter mit folgenden Variablen korreliert (vgl. [84]):

1. dem Alter der Adopter: jüngere Personen adoptieren in der Regel früher als ältere,
2. dem Einkommen der Adopter: Personen in höherem sozialökonomischem Status adoptieren früher als Personen in niederem Status,
3. dem Bildungsgrad der Adopter: je höher die Schulbildung, desto früher wird adoptiert,
4. dem sozialen Prestige, Einfluß und Kontakt der Adopter.

Offensichtlich hängen die Variablen 2, 3 und 4 eng miteinander zusammen. Sie bilden einen Komplex, der entweder die Adoption wahrscheinlicher oder unwahrscheinlicher macht. Aus ihm könnte sicher ein Index abgeleitet werden, der der Prognose des Adoptionszeitpunktes dienen könnte. Weitere mit der zeitlichen Rangfolge der Adopter korrelierende Variablen sind:

5. die Informiertheit des Adopters: je umfassender der Adopter informiert ist, desto frühzeitiger wird er sich zur Übernahme entscheiden,
6. der Bedarf des Adopters: je näher der Gegenstand dem Handlungs- (bzw. Rollen-)Bereich des Adopters steht, desto frühzeitiger wird er sich für ihn interessieren und ihn adoptieren,
7. die Imagenähe (im Sinne *B. Spiegels*) des Gegenstandes zum gewünschten Gegenstandsimage des Adopters: Diese siebente Variable gibt über die bisherigen hinaus die Möglichkeit, die Wahl zwischen konkurrierenden Substituten des Gegenstandes zu prognostizieren. Sicher gibt auch die Variable sechs schon einen ersten Ansatz in diese Richtung. Aber sie ist noch zu stark gegenstandsgebunden, um den persönlichen Neigungen Rechnung zu tragen, die bei dieser Substitutswahl zum Tragen kommen.

Wir sind noch weit davon entfernt für einen bestimmten Gegenstand und eine bestimmte Person den wahrscheinlichsten Adoptionszeitpunkt genau zu bestimmen. Zu diesem Zweck müßte mit Hilfe der Beeinflussungsmodelle eine Brücke geschlagen werden zwischen den aufgezählten Variablen, den (Werbe-)Botschaften und ihren Medien, sowie den Reaktionsbedingungen des Adopters.

Heute können wir die Variablen nur benutzen, um idealtypisch Personengruppen zu kennzeichnen, die sich an Schwerpunkten des Diffusionsprozesses befinden (vgl. [117, S. 185]).

12.2.3 Typische Adopterrollen

1. *Erstübernehmer:* Es ist der kleine Personenkreis, der als erster den Gegenstand benutzt. Wir sollten unter ihnen auseinanderhalten: *Innovatoren*: Unabhängig von der Version des Gegenstandes sind sie die Erstübernehmer; oft werden sie auch an der Entwicklung bzw. Neuschöpfung des Gegenstandes beteiligt sein. Dann die *Erstverwender* [6]: Ihnen liegt ihrer Imageerwartung nach die angebotene Version des Gegenstandes am meisten, sie haben den stärksten Bedarf, sie bringen die günstigsten Voraussetzungen mit, um den Gegenstand als erste zu erproben. Unter ihnen findet sich eine beachtenswerte Son-

dergruppe, die *Neophilen*: Sie werden immer Erstübernehmer sein; aber dies hat nichts mit dem Gegenstand oder seiner Version zu tun, sondern sie reagieren leicht unzufrieden, glauben zu wenig zu erleben, sind immer vorneweg und so wird alles — wenn es nur neu ist — rasch adoptiert, allerdings genauso rasch wieder fallengelassen.

2. *Einführer*: Der Diffusionsprozeß kann mit den Erstübernehmern bereits abgeschlossen sein. Damit er in die Mehrheit hineingetragen wird, bedarf es einer wichtigen Vermittlergruppe: den Einführern. Unter ihnen müssen wir wieder drei Personenkreise unterscheiden [84]. Da sind zunächst die *Meinungsführer* (Opinion leaders): Sie informieren sich regelmäßig und intensiv über den Gegenstandsbereich und leiten diese Informationen über persönliche Kontakte segmentär weiter. Sie sind für viele Personen der Mehrheit in diesem Gegenstandsbereich die verläßliche Nachrichtenquelle. Sie können die mit dem Gegenstand abgesandte Werbebotschaft evtl. grob verändern und stellen so zugleich für die Gruppe ein kontrollierendes Nachrichtenfilter dar. Mit den üblichen Methoden der Marktforschung sind Meinungsführer nur schwer zu erfassen, da sie keine hervorstechenden sozialen Merkmale tragen. Eine mögliche Methode stellt die Soziometrie dar; diese zeigt uns zugleich die *Prestige-Führer*: Sie halten einflußreiche Positionen der Gruppenstruktur besetzt. Ohne daß ein enger Kontakt zu ihnen besteht, sind sie doch Leitbilder für die Majorität der Gruppe. Auf Grund ihres hohen Prestiges können bzw. müssen sie Innovationen relativ demonstrativ mitmachen, sofern diese ihren Status nicht in Frage stellen. Sie geben indirekt ihrer Gruppe die (normativ) gerechtfertigte „Erlaubnis" oder „Befehl" zur Übernahme. Schließlich bleiben die *change agents* (*Lippitt* 1947) zu erwähnen. Es ist derjenige Personenkreis, den man in der Wirtschaftswerbung als sogen. Werbehelfer große Aufmerksamkeit zukommen läßt. Es sind meist Fachleute (wie Ärzte, Apotheker, Verkäufer, Lehrer, Politiker, Geistliche u. a.), die empfehlend, argumentierend, aber auch selbst bewertend und entscheidend den Gegenstand verkaufen, benutzen, kurz adoptieren helfen. Sie können als eine Teilgruppe der Meinungs- und Prestige-Führer aufgefaßt werden. Jedoch sind

sie deutlicher definiert und unmittelbarer mit der Durchsetzung des Gegenstandes befaßt. Sie können durch diese Eigenart gezielter, also mit geringerem Streuverlust durch werbliche Mittel angesprochen werden. Haben sie sich erst einmal für den Gegenstand entschieden, so sind sie auch durch ihre Funktion eher bereit im Sinne der vorgegebenen Werbestrategie mitzuwerben. Sie sind für die früh adoptierende Majorität wichtiger als für die später adoptierende.

3. *Majorität* oder Mehrheit: Wenn sich die Grenzen zwischen den Adoptertypen auch nicht scharf ziehen lassen, so können wir doch sagen, daß im Anfangsstadium der Diffusion mindestens zwei Drittel der adoptionsfähigen Gruppe der Majorität angehört. Ihre Interessen und sozialen Funktionen liegen meist in anderen Gegenstandsbereichen. Vor allem aber haben sie keinen hohen Status, sie sind stärker binnen-orientiert und verhalten sich gegenüber Neuerungen eher abwartend. In der Diffusionsforschung unterscheidet man gerne zwischen *früher* und *später Majorität.* Jedoch sind ihre Unterschiede weniger durch differierendes Rollenverhalten, als durch graduelle Verschiedenheiten allgemeiner Merkmale gekennzeichnet (siehe oben 11.2.2). Je später adoptiert wird, desto mehr sind die Adopter auf Sicherheit und Konformität bedacht. Sie machen zunehmend weniger Gebrauch von Massenmedien als Informationsquelle und haben weniger sozial weitreichende Kontakte. Die Besonderheiten der Majorität sind nicht durch ihre Adoptionsrolle, sondern durch gegenstandsgegebene Erwartungen, Befürchtungen, Handlungen gekennzeichnet. Die Überlegungen der in diesem Buch skizzierten Werbemodelle beziehen sich (nicht ganz zu Recht) vorwiegend auf die Reaktionen der Majorität, wenn sie auch sinngemäß auf die anderen Adoptertypen anwendbar sind.

4. *Zauderer*: Diese heterogene Gruppe von Menschen bildet das späte Ende der Majorität. Den Zauderern ist gemeinsam, daß sie gar nicht oder außerordentlich spät adoptieren. Es ist eine Zweckfrage, durch welchen Adoptionszeitpunkt die Gruppe der Zauderer definiert wird. Vor allem wenn man die Zauderer direkt werblich anspricht mit der Absicht, entsprechende (schwächere) Adoptionshemmungen bei der Majorität abzu-

bauen, wird man die Gruppe möglichst groß halten (etwa 16 %). Zu den Zauderern rechnen folgende, sich überschneidende Untergruppen: die *Nichtinformierten*: Gemeint sind Personen, die wohl potentielle Adopter sind, aber zu keinen Medien und Personen Kontakt haben, die sie entsprechend informieren könnten. Vermutlich gibt es für jeden Werbegegenstand eine charakteristische Gruppe dieser Art. Zweitens die *Konservativen:* Es sind Personen, die Entscheidungen vorwiegend unter dem Aspekt des geringsten Risikos fällen. Sie haben Schwierigkeiten neuzulernen und Gewohnheiten aufzugeben (vor allem ältere Personen). Sie sind stark an Binnenkontakten orientiert, betonen die Normen- und Wertvorstellungen ihrer Gruppe, verhalten sich also deutlich konformer als jede andere Gruppe. Eine Ausnahme machen Sondergruppen, die ihre von der Majorität abweichenden Normen nur durch Überkonformität aufrechterhalten können (Quasi-Konservative). Schließlich die *Ablehner*: Sie haben spezielle Gründe, den Gegenstand nicht zu adoptieren: er entspricht nicht ihren finanziellen Möglichkeiten, sie haben keinen spezifischen Bedarf (oder Bedürfnisse), sie würden sich selbst anders, evtl. ungünstiger sehen müssen, sie bringen notwendige Anwendungskenntnisse nicht mit u.v.a. Wir finden die Ablehner häufig in der finanzschwachen Bevölkerung mit niederem sozialen Status.

12.2.4 Adoptionsprozeß

Die Reihenfolge der Aufzählung der Adoptertypen gibt bereits die wichtigsten Phasen der Diffusion wieder. Der individuelle Adoptionsprozeß spiegelt sie in verkleinertem Maßstab wider. Man hat auch ihn in Phasen einzuteilen versucht. Eine solche Einteilung trifft jedoch keine faktische Struktur dieses Prozesses, sondern sich ändernde Aspekte der werblichen Beeinflussung (vgl. 2.2). Für zweckmäßig halten wir eine Grobeinteilung in drei Phasen:

1. Phase: Hinführende Werbung: Kennenlernen
Ergebnis: Informiertheit

2. Phase: Überzeugende Werbung: Entscheiden
Ergebnis: Übernahme (Kauf, Wahl o. a.)

3. Phase: Bestätigende Werbung : Annehmen
Ergebnis: Gewohnheit

In der *ersten Phase* erfährt der zukünftige Adopter von der Existenz des Gegenstandes. Werbepsychologische Überlegungen folgen in dieser Phase meist dem Reklame- oder/und Impact-Modell. Je nach der Stelle im Diffusionsprozeß werden jedoch besondere Motiv- und Image-Erwägungen hinzukommen. Die Zunahme der Informiertheit beim einzelnen folgt sicher einer Konvex-Konkav-Kurve, wie sie Figur 20 zeigt.

Nur bei Informierten kann die *zweite Phase* einsetzen. Sie ist durch erhöhte Informations-, Beobachtungs- und Experimentierbereitschaft gekennzeichnet. Insofern ist die Bezeichnung „Überzeugende Werbung" vom Adopter her gesehen mißverständlich. Denn er ist jetzt von sich aus an Fakten interessiert, die ihm eine Entscheidung dafür oder dagegen ermöglichen. Nur der Werbende „überzeugt": er muß aus der Informiertheit einen Adoptionskonflikt machen und er muß den Adoptionskonflikt zugunsten des Gegenstandes zu wenden suchen. Aber in dieser zweiten Phase sind mitmenschliche Informationsquellen wichtiger: Welche Erfahrungen haben andere gemacht? Wie sieht es bei ihnen aus? Welche finanziellen Folgen hat es? usf. Die übliche Werbenachricht (Anzeige, Fernsehspot) wird mit zunehmender Dichte an die endgültige Entscheidung unglaubhafter, es sei denn, sie unterstützt das experimentelle Verhalten der zweiten Phase: „Haben Sie schon einmal XY probiert", „Versuchen Sie ..." u. ä. Der Adopter ist nicht und fühlt sich auch nicht überredet, sondern die Aufforderung sagt ihm genau das, was er sich ohnehin vorgenommen hatte.

Der Adopter beginnt mit der Annäherung an die dritte Phase auf andere einzuwirken: in dem er sich in seinen Gruppen orientiert, andere beobachtet und fragt, führt er Personen, die noch außerhalb des Adoptionsprozesses liegen, an die Adoption heran. Er ist — wenn man so will — ein Werbehelfer der ersten Phase.

Der Übergang zur *dritten Phase* ist fließend. Es gibt Adopter, die trotz Kauf, Wahl usw. immer ihrer Haltung nach in einer Versuchsphase bleiben. Dennoch: wir können auch in diesen Fällen von der dritten Phase sprechen, wenn der Adopter beginnt, seine Entscheidung vor sich und anderen zu rechtfertigen. Die weitaus meiste Werbung dient ungewollt dieser dritten Phase. Denn jetzt wird Werbung stark beachtet. Sie liefert die Argumente, mit denen man sich rechtfertigen kann. Werbung erzieht sich in den Adoptern der dritten Phase eine wichtige Gruppe von Werbehelfern. Nicht Werbung lanciert den Übergang zur zweiten Phase, sondern die Adopter der dritten Phase: in dem sie für den Gegenstand eintreten, beseitigen sie ihre eigene Unsicherheit und vergrößern die Übereinstimmung mit ihrem sozialen Umfeld [110].

Betrachten wir die Adoptionsprozesse in einer Gruppe zu einem bestimmten Zeitpunkt t_i. Die Personen seien in einer Zeitreihe geordnet, die anzeigt, wann der einzelne sich für den Diffusionsgegenstand entscheidet. So könnte sich etwa folgendes Bild ergeben:

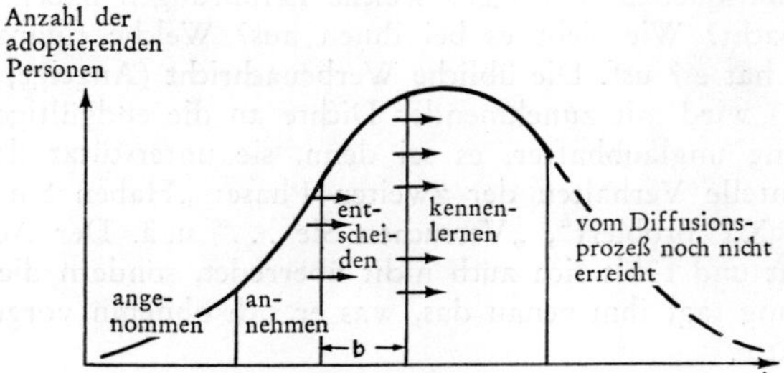

Fig. 21: Adoptionsphasen im Zeitpunkt t_i

Die Länge b der Entscheidungsphase ist u. E. eine steigende Funktion der Zeit. Mit dem Voranschreiten der Diffusion vergrößert sich b, bis b schließlich so groß wird, daß es nicht mehr zur Adoption bzw. Übernahme kommt.

12.3 Methoden

Das Adoptionsmodell fordert von uns folgende empirische Daten:

— Zu welchem Adoptertyp gehört die Person x?
— An welchem Interaktionsort ihrer Gruppe befindet sich diese Person?
— In welcher Phase des Adoptionsprozesses befindet sich die Person?

12.3.1 Ermittlung der Adopterrolle

Der Adoptertypus eines Menschen dürfte kaum eine persönliche Konstante sein, eher hat er den Charakter einer situationsabhängigen sozialen Rolle. Sie wechselt mit dem Werbegegenstand und den übrigen sozialen Rollen der Person. Es kann also kein allgemein gültiges Verfahren zur Erfassung der Adopterrolle geben, sondern dieses muß den jeweiligen Umständen angepaßt werden. Es kann deshalb nicht verwundern, daß keine allgemeingültigen, sondern nur spezielle Fragebögen entwickelt wurden, so zum Beispiel zur Auffindung von Opinion leaders unter Farmern (*E. M. Rogers* [1957]). Es wird direkt gefragt, ob man mehr um Rat bittet oder ihn gibt, ob man um seine Meinung befragt wird oder andere fragt, ob man von anderen Farmern Neues erzählt bekommt oder selbst Neuigkeiten weitergibt usf.

An Stelle einer Selbstkennzeichnung wäre auch eine Beschreibung durch andere denkbar. Allerdings würde dies eine Befragung aller Gruppenmitglieder oder in repräsentativen Untersuchungen aller Mitglieder einiger nach dem Radomverfahren ausgewählter Teilgruppen (Area-Verfahren) erforderlich machen. In jedem Falle ist der Fragebogen das Verfahren der Wahl.

12.3.2 Ermittlung des Ortes im Informationsfluß

Hier geht es darum, die Kommunikationsstruktur der Gruppe in den Griff zu bekommen. Auch dazu ist die Untersuchung aller Mitglieder von (Teil-)Gruppen erforderlich. Man bedient sich der *Soziometrie* (*J. L. Moreno* [105]). Sie ist gleichfalls eine Fragebogenmethode, in der fiktiv soziale Wahlen und andere Interaktionen vorgenommen werden. Sie stellt Fragen wie:

— Mit wem sprechen Sie über YX?
— Mit wem sicher nicht?
— Von wem erhalten Sie Auskünfte über YX?
— Wem teilen Sie Ihre eigenen Erfahrungen mit YX mit?
— Wem sicher nicht?

usw.

Es sollen möglichst nicht mehr als drei Personen pro Frage genannt werden. Darüber hinaus werden ergänzende Fragen gestellt, die die eigene Person kennzeichnen sollen und Fragen, die das Wissen über YX klären helfen [5].

Eine Soziometrie macht auf diese Weise sichtbar, wer wem eine Nachricht weitergeben wird und wo im Nachrichtenfluß Barrieren bestehen. Die folgende Fig. zeigt ein fiktives Beispiel:

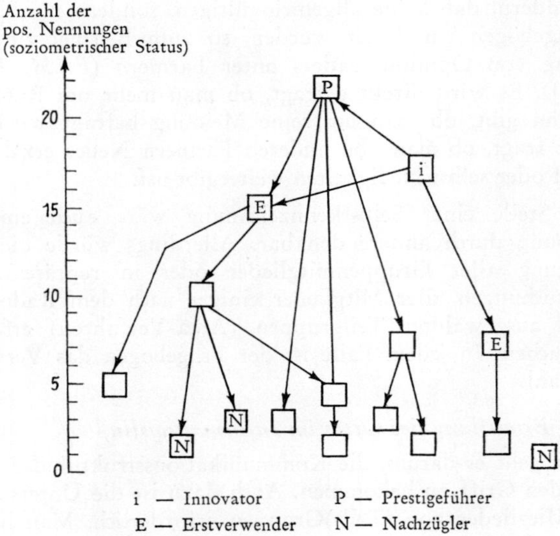

Fig. 22: Einflußstruktur

Aus soziometrischen Untersuchungen ist bekannt, daß jede Schicht, jede Gruppe in ihr ihre eigenen Opinion leaders hat. Die Nachricht fällt nicht von oben nach unten wie ein Wasserfall durch die Gruppen hindurch, sondern: sie setzt in einer der Gruppen (keineswegs der statushöchsten) ein, breitet sich in ihr aus, entzündet dabei die Aktivität von Opinion leaders in anderen Gruppen (meist die nächst höheren und niederen), dringt wie Wasser in einen Schwamm auch in diese Gruppen ein usf. Es ist eine unrealistische Erwartung, daß alle Opinion leaders zugleich reagieren (erste Stufe) und dann ihre Gruppen (zweite Stufe). Vielmehr erinnert der Vorgang an eine Folge, an ein System von Nerven, die sich nach- und nebeneinander aktivieren und hemmen. Da die Ausgangsgruppe in der Regel höher angesiedelt ist, beobachtet man einen statistischen Trend, der bei einem höheren Status einsetzt und langsam zu einem niederen fortschreitet. Das Phänomen gilt auch für eine einzelne Gruppe. Da es aber von vielfältigen Interaktionen abhängt, wer wann von wem welche Nachricht bekommt, ist ein gleichmäßiges Fortschreiten der Nachricht nur statistischer Art.

12.3.3 *Ermittlung der Fortgeschrittenheit des Adoptionsprozesses*

Hier handelt es sich um die psychologisch interessanteste Information. Sie scheint denselben Indikator zu haben, wie die Intensität eines Motivs (9.3.2), nämlich die Menge des reproduzierbaren Wissens über den Gegenstand. Den Gegenstand zu kennen, signalisiert das Ende der Kennlernphase. Die nun zunehmende Wissensmenge spiegelt das Durchschreiten der Entscheidungsphase wider. Mit der Mitteilung, die Auskunftsperson hätte gekauft, gewählt o. a. und dem Auftauchen erster Informationen, die geeignet sind, diese Entscheidung zu rechtfertigen, befindet sie sich in der dritten Phase. Man wird am Anteil sich widersprechender Stellungnahmen vielleicht ablesen können, wie weit diese Phase durchschritten ist. Wahrscheinlich haben wir es zugleich mit einem Indikator für die potentielle Bereitschaft zu tun, zu einem konkurrierenden Gegenstand zu wechseln. — Auch das dritte Meßobjekt, die Fortgeschrittenheit des Adoptionsprozesses, ist also mit der Fragebogenmethode zu erfassen.

12.4 Werbepsychologische Modelle und Adoptionsprozeß

12.4.1 Adoptionsprozeß und seine zeitliche Erstreckung

Die Diffusionstheorie vermittelt den unzutreffenden Eindruck, daß Diffusionen immer sehr lange dauern müßten. Ganz im Gegenteil haben Diffusionen häufiger sehr kurze zeitliche Erstreckungen oder bleiben als Torso im Anlauf stecken. Demgemäß variieren auch Adoptionsprozesse; sie können in Minuten aber auch in Jahren ablaufen. Wir halten es deshalb für zweckmäßig, zunächst zwei Adoptionsmodelle nebeneinander zu stellen: mit einer kurzen und mit einer langen zeitlichen Erstreckung. Was wir bisher referierten bezieht sich allein auf eine lange zeitliche Erstreckung. Wenden wir uns nun ergänzend Adoptionsprozessen mit einer kurzen zeitlichen Erstreckung zu.

Sie begegnen uns in der wissenschaftlichen Forschung an zwei Stellen: in der Untersuchung schöpferischer Prozesse und in der Analyse von Entscheidungsprozessen. Die Untersuchungen *kreativen Denkens* und Problemlösens haben eine ältere Tradition. Sie reicht zurück zu den pädagogischen Bemühungen des vorigen Jahrhunderts, im Aufbau einer Schulstunde den Erkenntnisprozeß beim Schüler vorwegzunehmen (*Herbart*sche Formalstufen: Vorbereitung, Darbietung, Verknüpfung, Zusammenfassung, Anwendung.). Typische Beispiele für modernere Phaseneinteilungen (Stadien) kreativer Prozesse zeigt das Schema auf der folgenden Seite [91, S. 61 ff.]:

Die Kreativitätsforschung erinnert uns erneut an einen Sachverhalt, den wir aus der Analyse des Beeinflussungsvorganges kennen: die Vorbereitung oder Problematisierung. Sie liegt vor dem endgültigen Kennenlernen und schafft die Motivation zu einem explorativen Verhalten. Erst die Problematisierung macht den Adopter für Nachrichten aufgeschlossen, die nun gegebenenfalls auch werblicher Art sein können.

Auch die Analyse von *Entscheidungsprozessen* bietet kein anderes Bild. Als Beispiel ist wohl die Einteilung von O. G.

JOHNSON (1955)	*STEIN* [139]	*HASELOFF* [48]	
Vorbereitung		Problematisierung	
			Kennenlernen
		Exploration	
Produktion	Hypothesenbilden	Latenz	Entscheiden
		heuristische Regression	
	Hypothesen testen		
Beurteilung (Bewertung)		Elaboration	
	Kommunikation der Resultate		Annehmen
		Kanonisierung	

Brim u. a. [13] besonders geeignet. Er nennt sechs Phasen: identification of the problem, obtaining necessary information, production of possible solutions, selection of a strategy of performance and actual performance — subsequent learning and revision. Es ist sicher kein Zufall, daß diese Einteilung mit der Entscheidungsphase abbricht. Es scheint in der Tat nur für längere Adoptionsprozesse typisch zu sein, daß sich eine ausgedehnte Phase des Annehmens (Beurteilung, Kommunikation der Resultate, Elaboration und Kanonisierung) anschließt. Gerade mit ihr müssen wir aber in der Werbung rechnen, wollen wir über die Adopter der dritten Phase auf die der zweiten einwirken.

Eine größere zeitliche Erstreckung deutet sich auch mit dem Stadium der Latenz (*Haseloff*) an. Vermutlich stellt auch die Existenz dieser Phase eine günstige Bedingung für einen werblichen Aktualisierungsversuch dar.

Beides: Latenz und Annehmen zusammengenommen macht erst für einen Adoptionsprozeß wahrscheinlich, daß er durch diese lange zeitliche Erstreckung als werbliches Beeinflussungsfeld in Frage kommt. Ohne diese lange zeitliche Erstreckung kann Werbung wohl noch den Gegenstand vorweisen und so den Beginn des Adoptionsprozesses auszulösen trachten, aber ein differenzierterer werblicher Beeinflussungsversuch ist ausgeschlossen.

12.4.2 Adoption und Beeinflussung

Die letzten Überlegungen führten uns zu dem Zusammenspiel von Adoption und Beeinflussung, ohne deren Beachtung jede werbliche Entscheidung zu einem Zufallsereignis wird. Um dieses Zusammenspiel sichtbar zu machen, benötigen wir ein Modell, das eine Phaseneinteilung benutzend parallel zum Adoptionsprozeß den werblichen Beeinflussungsprozeß beschreibt. Ein solches Modell bietet sich — wie der Leser erinnern wird — in der EFA 61 an (vgl. 11.2.1). Beide Prozeßbeschreibungen sind unschwer nebeneinander zu stellen:

Ablaufphasen	
Werblicher Beeinflussungsversuch	Persönliche Adoption
Hinführen	Kennenlernen
1. präsentieren	1. bemerken
2. konkretisieren	2. auffassen
Überzeugen	Entscheiden
3. suggerieren	3. wichtig nehmen
4. vormachen	4. (sozial) akzeptieren
Bestätigen	Annehmen
5. informieren	5. rechtfertigen
6. motivieren	6. befriedigen

Haseloff nahm an, daß erst Information und Motivation handlungsauslösend wirken würden. Unsere Gegenüberstellung macht dagegen recht wahrscheinlich, daß diese beiden Faktoren der EFA die werbliche Beeinflussung der Nachentscheidungsphase beschreiben. Der Adopter hat längst gewählt, gekauft, benutzt o. a. und nun erst wirken sich informierende und motivierende Gestaltung dissonanzmindernd aus: der Adopter wird dabei unterstützt, seine Entscheidung zu akzeptieren. Und wie wir bereits zeigten, kann er nun in der Rolle des Werbehelfers zum Beeinflusser der Adopter der zweiten Phase (Entscheiden) werden.

Nicht zu beantworten ist im Augenblick die Frage, wie sich der Ablauf des Adoptionsprozesses mit der Stellung des Adopters im Diffusionsprozeß ändert. Es ist erwartbar, daß am Anfang der Diffusion (sofern es sich nicht um Innovatoren handelt) die zweite Phase (Entscheiden) praktisch bedeutungslos ist oder doch relativ rasch abläuft. Sie wird aber im Verlauf der Diffusion ständig an Bedeutung zunehmen. In welchem Bereich spielt soziales Akzeptieren eine größere Rolle? Wie unterschiedlich intensiv tritt die dritte Phase (Annehmen) auf? Diese und ähnliche Probleme müßten in allernächster Zeit zu lösen gesucht werden. Denn für den Werbefachmann werden eher Informationen über den Fortschritt des Diffusionsprozesses zugänglich sein, obwohl er für die Art der Werbegestaltung Daten zu den anstehenden Adoptionsprozessen benötigt. Übrigens sei hier noch einmal an das Impact-Modell erinnert, dessen Meßdaten uns über den Abschluß der ersten Phase (Kennenlernen) orientieren (vgl. 6.2.; Tabelle 1).

12.4.3 Werbepsychologische Modelle beschreiben den Adoptionsprozeß

Abschließend wollen wir eine Zuordnung der referierten Modelle zum Adoptionsprozeß vornehmen. Zu diesem Zweck greifen wir nicht nur auf das Schema der Ablaufsphasen, sondern auch auf das Flußdiagramm der Werbebeeinflussung (Fig. 1) zurück und interpretieren es als Adoptionsprozeß. Die einzige Änderung, die wir vornehmen müssen, ist die Ergänzung der Werbenachricht durch die viel häufigeren zusätzlichen Nachrichten, die über persönliche Interaktionen, Beobachtungen und Versuche den Adopter erreichen.

Die Zuordnung der werbepsychologischen Modelle ist kaum punktuell möglich. Die meisten Modelle legen *Längsschnitte* durch den Adoptionsprozeß, betrachten ihn also nur unter einem Aspekt aber in seiner ganzen zeitlichen Erstreckung. Eine Ausnahme macht noch nicht einmal das Reklame- und Impact-Modell.

Das *Reklame-Modell* eignet sich besonders, die erste Kontaktherstellung mit dem Werbegegenstand zu beschreiben. Es stellt Erkenntnisse und Methoden zur Verfügung, mit deren Hilfe eine Gestaltung der Werbebotschaft erreicht werden kann, die eine erste Kontaktnahme besonders wahrscheinlich macht. Aber auch für die Nachrichten der anderen Phasen setzt das Reklame-Modell einen Maßstab und erhöht mit seinem Einsatz die Beachtungsquote.

Das *Impact-Modell* beschreibt gleichfalls vorrangig die erste, hinführende Beeinflussungsphase. Es sagt uns, auf welche Weise der Name, das Aussehen, die Vorzüge o. a. vom Werbegegenstand an Hand werblicher Maßnahmen gelernt werden. Da aber in jeder anderen Phase genauso gelernt werden muß, verliert es in diesen späteren Phasen nicht an Bedeutung. Das Adoptionsmodell bringt dabei an dem Impact-Modell eine wichtige Korrektur an, indem es zeigt, daß das Gewicht vom gruppenunabhängigen Gedächtnislernen auf das soziale Lernen verlagert werden muß.

Das *Einstellungsmodell* beschreibt nun, nachdem der Werbegegenstand bekannt ist, die zur positiven Entscheidung notwendige Einstellungsänderung. Das Modell ist auch (wie das Image-Modell) geeignet, Einstellungskorrekturen nach der Entscheidung, also in der dritten Phase, zu beschreiben. Allerdings engt es den Blick zu sehr auf die Einstellungskorrektur ein. Rechtfertigen und Befriedigen verlangen aber mehr, als eine eindimensionale Bewertungsänderung.

Das *Image-Modell* ist, wenn man so will, eine komplexere Ausgabe des Einstellungsmodells. Es reicht bis in den motivationalen Bereich hinein, in dem es den Imagewunsch, den Bedarf und den Aufforderungswert des Werbegegenstandes mitbeachtet. Es ist für jede Adoptionsphase von Bedeutung. Mit jeder Art von Nachricht schaffen und verändern wir eventuell das Image. Dies zu kontrollieren und in günstigere Bahnen zu lenken, gelingt (wenn überhaupt) nur mit einem Image-Modell.

Das *Motivationsmodell* setzt mit seiner Beschreibung schwerpunktsmäßig unmittelbar mit bzw. nach der Entscheidung ein. Obwohl es uns fraglos auch behilflich ist, die Zuwendungsmotivation zu Nachrichten sowie die soziale Motivation in

Interaktionsprozessen abzuschätzen, liegt sein Anwendungsort doch meist später. Es beschreibt, wie der Gegenstand zunehmend Mittel der Bedürfnisbefriedigung wird. Mit dem Erkennen von Befriedigungsmöglichkeiten wird der Adopter der dritten Phase zufriedener mit seiner Wahl und beginnt, diese neu gewonnene Zufriedenheit durch Interaktionen abzusichern. Dabei wird er zum Werbehelfer in der zweiten Phase.

Das *psychoanalytische Modell* stellt (dem Verhältnis von Image- zu Einstellungsmodell vergleichbar) eine komplexere Ausgabe des Motivationsmodells dar. Statt einzelner Motive beschreibt es den Adoptionsvorgang als eine Wiederholung eingefahrener, individueller Strategien zur Konfliktbewältigung. Dabei vermittelt es auch die berechtigte Annahme, daß der eine nur auf Grund von Interaktionen, der andere dagegen nur an Hand von Werbenachrichten seine Entscheidungen trifft. Für den einzelnen konkreten Fall liefert es zudem erklärende Modellvorstellungen.

Das *mediale Beeinflussungsmodell* schließlich gibt Anweisungen für die zweckmäßige Gestaltung der Werbebotschaft gemäß des Mediums, des Adoptionszeitpunktes und des Beeinflussungsmodells, das für die Kampagne bevorzugt wird. Es ist also völlig frei von einem festen Einsatzort im Adoptionsprozeß.

Wir sehen, daß es tatsächlich möglich sein muß, die einzelnen Beeinflussungsmodelle zu einem werblich relevanten Adoptionsmodell zu integrieren. Dieses geschlossene, in sich widerspruchsfreie Gesamtmodell zu gestalten, ist *die* zukünftige Aufgabe der Werbepsychologie.

LITERATUR

Klassische Schriften der Werbepsychologie sind nicht in diesem Verzeichnis aufgeführt, sondern werden direkt im Text genannt.

[1] *Adorno, T.W.:* Ohne Leitbild. Parva Aesthetica. Berlin 1967.

[2] *Alpers, H.:* Experimente zur vergleichenden Untersuchung des Informationsgehaltes von Anzeigentests. In: Die Anzeige 21 (1964).

[3] *Antonoff, R.:* Betrachtungen des Phänomens „Anzeigengedächtniswert" aus kybernetischer Sicht. In: Die Anzeige 17 (1964).

[4] *Atteslander, P.:* Methoden der empirischen Sozialforschung. Berlin 1969.

[5] *Bastin, G.:* Die soziometrischen Methoden. Bern-Stuttgart 1967.

[6] *Beck, W.:* Zum Begriff des Erstverwenders. In: [9].

[7] *Beer, U.:* Konsumerziehung gegen Konsumzwang. Tübingen 1967.

[8] *Benesch, H.:* Experimentelle Psychologie des Fernsehens. München-Basel 1968.

[9] *Bergler, R.* (Hrsg.): Psychologische Marktanalyse. Bern-Stuttgart 1965.

[10] —: Psychologie stereotyper Systeme. Bern-Stuttgart 1966.

[11] *Bernstein, B.:* Social class, linguistic codes and grammatical elements. In: Language and Speech 5 (1962) (siehe auch [54]).

[12] *Besmer, H.-J.:* Die Validität von Effektivitätsmessungen der Werbebotschaft. Winterthur 1967.

[13] *Brim, O. G., D. C. Glass, D. E. Lavin* u. *N. Goodman:* Personality and decision processes. Stanford 1962.

[14] *Carlson, E. R.:* Attitude change and attitude structure. In: J. abn. soc. Psychol. 52 (1956) S. 256—261.

[15] *Clelland, D. C. Mc.:* Die Leistungsgesellschaft. Psychologische Analyse der Voraussetzungen wirtschaftlicher Entwicklung. Stuttgart 1966.

[16] *Coffin, T.:* A Pioneering Experiment in Assessing Advertising Effectiveness. In: Journal of Marketing (Juli 1963).

[17] *Cohen, A. R.:* Situational Structure, Self-Esteem and Threat-oriented Reactions to Power. In: Cartwright, D. (Hrsg.): Studies in Social Power. Ann Arbor 1959.

[18] —: Attitude change and social influence. New York 1964.

[19] *Cranach, M. v., M. Irle,* u. *H. Vetter:* Zur Analyse des Bumerang-Effektes. In: Psychol. Forsch. 28 (1965).

[20] *Deel, A.* u. *G. Kiehn:* Gedanken zum Mythos der Kreativität. In: Die Anzeige 1 (1968).

[21] *Dejung, B.:* Regressionen im Verhalten des Menschen. Zürich 1967.

[22] *(Delta Marketing-Forschung):* Werbedosis-Werbewirkung. Konstanz 1970/71.

[23] *Dichter, E.:* Strategie im Reich der Wünsche. Düsseldorf 1961.

[24] —: Handbuch der Kaufmotive. Der Sellingappeal von Waren, Werkstoffen und Dienstleistungen. Wien-Düsseldorf 1964.

[25] *Distler, G.:* Die Problematik der Anwendung und Interpretation von Zuordnungsversuchen in der Marktpsychologie. In: [9].

[26] *Dölker, H.:* Farbe und Text. Abschlußarbeit an der Hochschule für bildende Künste Abt. 6. Berlin 1971.

[27] *Eisermann, G.* u. *S. S. Acquaviva:* Massenmedien und sozialer Wandel. In: Kölner Ztschft. f. Soziologie u. Sozialwissenschaft (Dez. 1968).

[28] *Elbracht, D.:* Erkennbarkeit und Lesbarkeit von Zeitungsschriften. In: Archiv für Drucktechnik 7 (1967).

[29] *Epple, E:* Rechte Seite — Rechts oben! Eine experimentelle Untersuchung. Frankfurt a. M. 1959.

[30] *Epple E. u. M.:* Farbpsychologische Studie. Die Erscheinungs- und Wirkungsweise der Farben in der Anzeigenwerbung. Frankfurt a. M. 1957.

[31] *Feger, H.:* Beiträge zur experimentellen Analyse des Konflikts. In: Handbuch der Psychologie Bd. II. 1965.

[32] *Festinger, L.:* A Theorie of Cognitive Dissonance. Evanston 1957.

[33] *Foppa, K.:* Lernen, Gedächtnis, Verhalten. 3. Aufl. Köln-Berlin 1967.

[34] *Fornfeist, D.:* Bedürfnis, Konsum und Gesellschaft. In: Die Anzeige 23 (1968).

[35] *Fowler, H.:* Curiosity and exploratory behavior. New York 1965.

[36] *Franke, D.:* Durchsetzungskraft und Wirksamkeit der Werbung. In: Die Anzeige 9 (1967).

[37] *Freud, A.:* Das Ich und die Abwehrmechanismen. München 1968.

[38] *Gäfgen, G.:* Theorie der wirtschaftlichen Entscheidung. 2. Aufl. Tübingen 1968.

[39] *Gerken, G.:* Werbung als Lebenshilfe. In: Look out 4 u. w. (1970).

[40] —: Motivation und Wahrnehmung — wie man Anzeigentexte systematisch und gezielt variiert. In: Look out 4 (1970).

[41] —: Techniken zum Aufbau kommunikativer Lernprogramme zur Steigerung der Wahrnehmung, Akzeptanz und Lern-Effizienz von Werbekampagnen. Berlin 1971.

[42] *Graumann, C. F.:* Struktur und Wandel von Einstellungen. In: Handbuch der Psychologie Bd. II. Göttingen 1965.

[43] *Guire, W. J. Mc.:* Inducing resistance to persuasion, some contemporary approaches. In: L. Berkowitz (Ed.), Advances in exp. soc. psychology. New York-London 1964.

[44] —: The current status of cognitive consistency theories. In: S. Feldmann (Ed.), The consistency motive. New York 1966.

[45] *Gutjahr, G.:* Die verschiedenen Methoden der Blickregistrierung. In: Die Anzeige 9 (1964).

[46] *Haidekker, A.:* Beeinflussung der Nachfrage durch kybernetische Modelle. Neuwied-Berlin 1970.

[47] *Haseloff, O. W.:* Wirkung von Anzeigen. In: Werberundschau 57 (1963).

[48] —: Der Prozeß des Schöpferischen. In: Hier 2 (1964).

[49] —: Strategie und Planung. In: Der Griff nach der Zukunft (Hrsg. R. Jungk u. H. Mundt) 1964.

[50] —: Einige operationale Verfahren und Arbeitsvorhaben in den Bereichen der Markt- und Werbeforschung. In: Kleiner Almanach d. Marktforschung. Bielefeld-Berlin (1965).

[51] —: Sprache, Motivation und Argumentation (Vortrag). Berlin 1966.

[52] —: Content-Analysen und ihre Anwendung in der Marktforschung. In: Kleiner Almanach d. Marktforschung. Bielefeld-Berlin (1967).

[53] —: Wie konventionell darf Werbung sein? (1968).

[54] — *(Hrsg.):* Kommunikation. Berlin 1969.

[55] —, *Hoffmann, H.-J.* u. *Flockenhaus, K.-F.:* Emnid-Faktorielle Anzeigenanalyse. Bielefeld-Berlin 1961.

[56] —, *Flockenhaus, K.-F., U. Lauer* u. *H.-J. Hoffmann:* EFA 65. Eine faktorielle Technik der psychologischen, semantischen und informationellen Anzeigenanalyse. Emnid, Berlin-Bielefeld 1965.

[57] *Haseloff, O. W.* u. *H.-J. Hoffmann:* Kleines Lehrbuch der Statistik. 4. Aufl. Berlin 1970.

[58] *Haseloff, O. W.* u. *E. Jorswieck:* Psychologie des Lernens. Berlin 1970.

[59] *Hayakawa, S. I.:* Semantik. Sprache im Denken und Handeln. 2. Aufl. Darmstadt 1967.

[60] *Hellmann, A.:* Vorprüfung von Anzeigen im Impact-Verfahren. In: Die Anzeige 13 (1968).

[61] *Henry, H.:* Was der Verbraucher wünscht — Die Praxis der Motivforschung. Düsseldorf 1960.

[62] *Hörning, K. H.:* Ansätze zu einer Konsumentensoziologie. Rombach 1970.

[63] *Hoffmann, H.-J.* u. Die Manipulation von Konsumbedürfnissen. In: Deutsche Universitätszeitung 7 (1959).

[64] *—:* Psychologische Strategien in der Werbung. In: Die Anzeige 9 (1965).

[65] *Hoffmann, H.-J* u. *G. Jedermann:* Prüfliste zur psychologischen Anzeigenbeurteilung. In: Absatzwirtschaft 19 (1971).

[66] *Hofstätter, P. R.:* Das Denken in Stereotypen. Göttingen 1960.

[67] *—:* Die Psychologie der öffentlichen Meinung. 2. Aufl. Wien 1960.

[68] *—:* Gruppendynamik. Die Kritik der Massenpsychologie. 8. Aufl. Hamburg 1967.

[69] *Horn, I. u. H. Kellner:* Gewalt im Fernsehen. Mainz 1971.

[70] *Hovland, C. I., J. L. Janis* u. *H. H. Kelley:* Communication and persuasion. 9. Aufl. New Haven 1965.

[71] *Hovland, C. I., A. A. Lumsdaine* u. *F. D. Sheffield:* Experiments on mass communication. New York-Chichester 1965.

[72] *Infratest (für Jahreszeitenverlag):* Zeitschriften-Leser-Anzeigen. München - Hamburg 1968.

[73] *Jacobi, H.:* Werbepsychologie. Ganzheits- und gestaltpsychologische Grundlagen der Werbung. Wiesbaden 1963.

[74] *Jaide, W.:* Leitbilder heutiger Jugend. Neuwied 1968.

[75] *Janis, J. L.* u. *C. I. Hovland:* Personality and persuasibility. New Haven 1966.

[76] *Jaspert, F.:* Methoden zur Erforschung der Werbewirkung. Stuttgart 1963.

[77] *Johannsen, U.:* Möglichkeiten und Grenzen der werblichen Beeinflussung des menschlichen Verhaltens. In: Die Anzeige 5 (1966).

[78] —*:* Vom Bekanntheitsgrad zum Imagebegriff. In: Die Anzeige 1 (1967).

[79] *Johannsen, U.* u. *J. Flämig:* Kritik am Schwerin Test. Eine Erwiderung. In: Die Anzeige 17 (1965).

[80] *Katona, G.:* Die Macht des Verbrauchers. Düsseldorf-Wien 1962.

[81] —*:* Der Massenkonsum. Eine Psychologie der neuen Käuferschichten. Düsseldorf 1965.

[82] *Katz, E.* u. *P. F. Lazarsfeld:* Persönlicher Einfluß und Meinungsbildung. München 1962.

[83] *Katz, E., M. L. Levin* u. *H. Hamilton:* Traditions of Research on the Diffusion of Innovation. In: American Soc. Rev. 28 (1963).

[84] *Kiefer, K.:* Die Diffusion von Neuerungen. Tübingen 1967.

[85] *Kindler u. Schiermeyer Verlag von Contest):* Funktion, Image, Produktinteresse. München 1970.

[86] *Koeppler, K.:* Untersuchung der Subception-Hypothese. In: Ztschft.f.exp.u.angew.Psych. 1 (1969).

[87] *Krech, D.* u. *R. S. Crutchfield:* Theory and problems of social psychology. New York 1948.

[88] — —*:* Grundlagen der Psychologie Bd. I. Weinheim-Berlin 1968.

[89] *Kristof, W.:* Die Beziehungen zwischen mehrdimensionaler Skalierung und Faktorenanalyse. In: Psych. Beitr. 7 (1963).

[90] *Kuhlmann, E.:* Das Informationsverhalten der Konsumenten. Rombach 1970.

[91] *Landau, E.:* Psychologie der Kreativität. München 1969.

[92] *Lee, A. Mc. Clung* u. *E. B. Lee:* The fine art of propaganda. New York 1939.

[93] *Lenne, H.:* Skalierung als Mittel der direkten, vergleichenden Einstellungs-Struktur-Analyse. Weinheim 1964.

[94] *Lewin, K.:* Feldtheorie in den Sozialwissenschaften. Bern-Stuttgart 1963.

[95] *Lovejoy, E.:* Attention in discrimination learning: A point of view and a theory. San Francisco 1968.

[96] *Lucas, D. B.* u. *S. H. Britt:* Messung der Werbewirkung. Essen 1966.

[97] *Maletzke, G.:* Psychologie der Massenkommunikation. Hamburg 1963.

[98] *Mandel, K. H.:* Wechselbeziehung zwischen Konsum bestimmter Fernsehsendungen und den Urteilen deutscher Jugendlicher über soziale Fremdgruppen. In: Kölner Ztschft.f.Soz.u.Sozialwiss. (1966).

[99] *Marx, M. H.* u. *W. A. Hillix:* Systems and theories in psychology. New York 1963.

[100] *Mayntz, R., K. Holm* u. *P. Hübner:* Einführung in die Methoden der empirischen Soziologie. Köln-Opladen 1969.

[101] *Meier, H.:* Deutsche Sprachstatistik. Hildesheim 1967.

[102] *Merz, F.:* Über den Einfluß von Bekenntnisschulen auf die Werthaltungen Jugendlicher. In: Ztschft. f. exp. u. angew. Psych. 14 (1967).

[103] *Mittenecker, E.:* Motivation und Information. In: Handbuch der Psychologie Bd. II Göttingen 1965.

[104] *Möbus, C.* und *H.-J. Ahrens:* Multivariate Weiterentwicklung eines Modells zur Prognose von Wahlentscheidungen. In: Ztschft.f.exp.u.angew.Psych. 17 (1970).

[105] *Moreno, J. L.:* Die Grundlagen der Soziometrie. 2. Aufl. Köln-Opladen 1967.

[106] *Neal, J. V. Mc* (Ed.): Dimension of Consumer Behavior. New York 1965.

[107] *Newmann, J. W.:* Motivforschung und Absatzlenkung. Frankfurt a. M. 1960.

[108] — (Ed.): Unknowing the Consumers. New York 1966.

[109] *Noelle-Neumann, E.:* Typen und Typologien. In: Die Absatzwirtschaft 20 (1968).

[110] *Opp, K. D.:* Kognitive Dissonanz und positive Selbstbewertung. In: Psychologische Rundschau 3 (1968).

[111] *Orlik, P.:* Eine Technik zur erwartungstreuen Skalierung psychologischer Merkmalsräume aufgrund von Polaritätsprofilen. In: Ztschrft.f.exp.-u.angew. Psych. 4 (1967).

[112] *Osgood, C. E., G. J. Suci* u. *P. H. Tannenbaum:* The Measurement of Meaning. Urbana 1957.

[113] *Pauli, R.:* Zur Methodik der Gedächtnispsychologie. In: Arch.f.d.ges.Psych. Bd. 85 (1932).

[114] *Pawlik, K.:* Dimensionen des Verhaltens. Bern-Stuttgart 1968.

[115] *Reeves, R.:* Werbung ohne Mythos. München 1963.

[116] *Reik, T.:* Listening with the Third Ear. New York 1948.

[117] *Rogers, E. M.:* Diffusion of Innovations. New York-London 1962.

[118] *Rosenberg, M. J., C. I. Hovland u. a.:* Attitude organization and change. New Haven 1960.

[119] *Rosenstiel, L. v.:* Psychologie der Werbung. Rosenheim 1969.

[120] *Rosnow, R. L. E. J. Robinson:* Experiments in Persuasion. New York - London 1967.

[121] *Roth, E.:* Die Faktorenanalyse in der Marktforschung. In: [9].

[122] *Rottmann, H.:* Versuchsweise Erprobung eines neuen Methodensystems zur Erforschung von Konsumenten-Verhaltensweisen. In: Die Absatzwirtschaft 18 (1968).

[123] *SAW:* Psychologie in der Werbung. Aufgaben und Methoden des Psychologen. Frankfurt 1963.

[124] *Schmidt, H. D.* und *C. Scherl:* Zur Wirkung der Prestige-Suggestion bei der Beurteilung politischer Texte. In: Ztschft.f.exp. u.angew.Psych. 15 (1968).

[125] *Schötzinger, P.:* Über den Werbeerfolg, seine Abhängigkeit vom Werbeziel und die Problematik seiner Ermittlung. Berlin 1970.

[126] *Schrader, K.:* Psychologische und verhaltensbiologische Grundlagen des Marketing. Berlin 1971.

[127] *Schramm, W.* (Hrsg): Grundfragen der Kommunikationsforschung. 2. Aufl. München 1968.

[128] *Schreiber, K.:* Werbekritische Haltung der Umworbenen vermindert Werbeerfolg. In: Die Anzeige 7 (1964).

[129] *—:* Kaufverhalten der Verbraucher. Wiesbaden 1965.

[130] *—:* Die Komponenten der Werbewirkung und die Kontrolle des Werbeerfolges. In: Die Anzeige 3 (1965).

[131] *Seggev, E.:* Brand Assortment and Consumer Brand Choice. In: Journal of Marketing 34 (1971).

[132] *Seiffer, H.:* Information über die Information. München 1968.

[133] *Shubik, M.* (Hrsg): Spieltheorie und Sozialwissenschaften. Hamburg 1965.

[134] *Smith, G. H.:* Warum Kunden kaufen. Motivforschung in Werbung und Verkauf. München 1955.

[135] *Sodhi, K. S.:* Urteilsbildung im sozialen Kraftfeld. Göttingen 1953.

[136] *Spiegel, B.:* Werbepsychologische Untersuchungsmethoden. Experimentelle Forschungs- und Prüfverfahren. Berlin 1958.

[137] *—:* Die Struktur der Meinungsverteilung im sozialen Feld. Das psychologische Marktmodell. Bern-Stuttgart 1961.

[138] *Starch, D.:* Anzeigenwirkung richtig planen und messen. München 1969.

[139] *Stein, M. I.:* Creativity as an intra- and interpersonal process. In: Parnes u. Harding 1962.

[140] *Stokvis, B.* u. *M. Pflanz:* Suggestion in ihrer relativen zeitbedingten Begrifflichkeit medizinisch und sozialpsychologisch betrachtet. Basel - Stuttgart 1961.

[141] *Streissler, E.* u. *M.* (Hrsg.): Konsum und Nachfrage. Köln - Berlin 1966.

[142] *Sullivan, H. S.:* The Psychiatric Interview. New York 1954.

[143] *Teigeler, P.:* Verständlichkeit und Wirksamkeit von Sprache und Text. Stuttgart 1968.

[144] *Thomae, H.:* Das Problem der unterschwelligen Werbung. In: Der Markenartikel 9 (1959).

[145] *— :* Vorbilder und Leitbilder der Jugend. 2. Aufl. München 1966.

[146] *Toman, W.:* Das Erinnerungsbild und seine motivationstheoretische Bedeutung. In: Ztschft.f.exp.u.angew.Psych. 10 (1963).

[147] *— :* Familienkonstellationen. Ihr Einfluß auf den Menschen und seine Handlungen. München 1965.

[148] *— :* Motivation, Persönlichkeit, Umwelt. Göttingen 1968.

[149] *Torgerson, W. S.:* Theories and methods of scaling. New York 1967.

[150] *Überla, K.:* Faktorenanalyse. Berlin 1968.

[151] *Undeutsch, U.:* Psychologische Analyse von Unfallsverhütungsplakaten. Bonn 1966.

[152] *Wängler, H.-H.:* Rangwörterbuch hochdeutscher Umgangssprache. Marburg 1963.

[153] *Wathen-Dunn, W.* (Ed.): Models for the perception of speech and visual form. Cambridge 1967.

[154] *Will, R.:* Kognitive Konsonanz und kognitive Dissonanz. In: Look out 4 u. w. (1970).

[155] *Wiswede, G.:* Motivation und Verbraucherverhalten. Grundlagen der Motivforschung. München 1965.

[156] *Zeisel, H.:* Die Sprache der Zahlen. Köln - Berlin 1970.

[157] *Zöhrer, I.:* Über den Einfluß von unlustbetonten Affekterlebnissen auf Wahrnehmung, Lernen und Denken. In: Ztschft.f.exp.u.angew.Psych. 17 (1970).

NAMEN- UND SACHVERZEICHNIS